JILL SOMPAYRAC
@Jill_et_sa_tribu

# COMMENT RÉALISER SES RÊVES EN FAMILLE



F1RST
ÉDITIONS

# Sommaire

# Introduction

*« Le bonheur est la seule chose qui se double si on le partage. »*
Albert Schweitzer

On entend souvent qu'il faut en profiter avant d'avoir des enfants, qu'en devenant parent, on ne peut plus rien faire. Je ne suis pas d'accord. Devenir parent est un incroyable chamboulement, c'est le début d'une nouvelle aventure passionnante et enrichissante. Et surtout, il n'y a rien de plus magique que de réaliser ses rêves avec ses enfants.

En 2017, avec mon mari Clément, nous avons tout quitté – notre vie confortable, notre maison, notre magasin – pour partir un an sur la route et faire le tour de l'Amérique du Sud en famille, avec nos enfants alors âgés de trois et cinq ans. Pourtant, rien ne nous prédisposait à ça ! Je ne suis pas une baroudeuse dans l'âme, mais chaque petit voyage que l'on partageait nous donnait envie de plus. Ce qui nous a décidés, c'est le besoin de saisir ce temps si précieux pour voir nos enfants grandir, de profiter d'eux, de profiter avec eux. Ce n'est pas la destination qui compte, mais le chemin que nous partageons.

Dans ce livre, j'aimerais vous montrer que c'est à la portée de chacun d'aller à la rencontre de ses rêves et que les enfants ne sont pas un frein mais une force. Nous ne sommes pas partis du jour au lendemain explorer l'Amérique du Sud en 4×4 ou faire un aller-retour Toulouse-cap Nord avec nos quatre enfants dont un bébé et deux chiens. Ces voyages sont l'aboutissement d'un cheminement de plusieurs années, d'expériences qui nous ont nourris. Je vous raconterai cette bulle d'oxygène que nous avons choisi de vivre dans nos vies à 100 à l'heure, mais aussi nos coups durs car oui, il y a des coups durs et des moments de doute dans la « vraie vie », même lorsqu'on voyage.

Il n'y a pas de voyage parfait, pas de parent parfait, pas d'enfant parfait, pas de vie parfaite. Et alors ? Ce sont nos imperfections qui nous rendent humains, les imprévus qui font les meilleurs souvenirs. Finalement, ce qui compte c'est d'oser être soi, se donner la permission d'essayer. Qu'il s'agisse de parentalité, du quotidien, d'un petit week-end chez papi-mamie ou d'un tour du monde, faites-vous confiance, ayez confiance en vos enfants. Vous verrez, de belles choses vous attendent sur cette route.

Devenir parent est un voyage intense dans lequel on est souvent perdus et où l'on doit s'adapter en permanence. Au fil des pages, je vous raconterai mon histoire, comment j'ai appris à écouter mes ressentis, à observer mes enfants, à suivre mon instinct. S'il y a bien une chose dont je suis convaincue, c'est que dans la maternité, rien n'est jamais blanc ou noir, ou figé.

# Le tsunami de la maternité : comment devenir mère a changé ma vie

Il y a dix ans, je suis enceinte de mon premier enfant et je m'apprête à vivre le plus gros chamboulement de ma vie. Je vais devenir mère et comme toutes les futures mamans qui attendent leur premier enfant, je n'ai pas l'ombre d'une idée de ce qui m'attend. J'ai vaguement entendu parler de nuits blanches, d'une pile de bodies, de cacas explosifs, de fatigue et de joie, de premières fois, de purées étalées sur le sol et sur les murs, de notre monde qui se bouleverse. Je suis loin de m'imaginer ce qui m'attend réellement.

## La maternité comme une évidence

J'ai cette intime conviction que tout se passera parfaitement bien. Après tout, on est parents depuis la nuit des temps ! Mon corps est fait pour donner la vie, mon bébé est fait pour trouver son chemin et naître. Mon corps a su fabriquer ce petit être, il saura aussi comment le faire sortir et comment le nourrir. Je n'ai aucune inquiétude, j'ai une confiance aveugle en la vie. Je me sens proche de toutes les femmes qui accouchent dans le monde chaque seconde, proche aussi de tous les mammifères de la planète qui me fascinent tant : personne ne leur a rien appris et pourtant, instinctivement, ils savent quoi faire. Sans trop de préparation ni d'anticipation, je me laisse guider par ma grossesse.

Il fait chaud en ce début du mois de juillet. En fin d'après-midi, nous allons nous baigner dans les gorges d'Héric dans l'Hérault, à un quart d'heure de chez nous. J'ai 21 ans, Clément 23, nous sommes insouciants et heureux. Je me sens à ma place, exactement là où je dois être. Nous rentrons, la pleine lune brille dans le ciel. Vers minuit, je fissure la poche des eaux. Je m'apprête à traverser le raz-de-marée de l'accouchement et à faire le grand saut dans le tsunami de la parentalité. C'est le début de notre nouvelle vie.

## Un amour plus fort que tout

La rencontre avec Martin m'a métamorphosée. Comment pourrait-on s'y préparer avant de le vivre, cet amour pur et inconditionnel, qui nous rend plus forts ? Je suis devenue mère le temps d'une poussée, prête à tout pour protéger mon enfant, comme une louve. Les premières nuits à l'hôpital, je me rappelle le garder contre moi. Je n'arrive pas à dormir si je ne le tiens pas, j'ai peur qu'on puisse me le voler en pleine nuit comme dans un mauvais film. Moi qui habituellement n'ai peur de rien, je n'ai rien vu venir. Jamais je n'oublierai ce sentiment étrange au moment de quitter la maternité, Clément conduit et l'angoisse que quelque chose arrive à Martin nous envahit tous les deux en même temps, alors qu'il dort paisiblement dans son cosy.

Nos nuits sont courtes, notre bébé agité, nous manquons de confiance en nous, nous sommes désemparés, épuisés mais heureux, le début de l'ambivalence parentale. Nous ne savons pas encore nous écouter, écouter notre enfant. Je me souviens de nos grasses matinées tous les trois dans le lit, de nos tours en voiture pour l'endormir, de nos doutes, de notre fierté et de nos joies intenses. Tout est décuplé. Ça me fait du bien de le coller contre moi, peau à peau, de faire durer cette fusion que nous avons connue tous les deux pendant ces neuf mois. Je l'allaite à volonté, je profite à 100 % de ces premiers jours dans notre bulle.

Je me rétablis doucement d'un accouchement médicalisé que je n'ai pas du tout envisagé. Moi qui me suis projeté dans une naissance douce et naturelle, j'ai vécu tout son contraire. Pendant mon accouchement, j'ai eu l'impression de n'être qu'un morceau de viande. J'ai le sentiment qu'on m'a accouché, que je n'ai pas été capable de mettre moi-même mon enfant au monde, un traumatisme qui m'a suivi pendant plusieurs années. Cette blessure a été soignée grâce à mon troisième accouchement, sept ans plus tard.

# Croire en ses rêves : la création de notre magasin

Attendre notre premier enfant change nos priorités et nous donne une perspective nouvelle. Comme tout parent, Clément et moi voulons le meilleur pour notre bébé à naître et notre situation d'alors n'est pas idéale à nos yeux. Lorsque je suis enceinte de Martin, Clément est opticien et est alors salarié en CDI. De mon côté, je termine un CDD dans le tourisme. Nous souhaitons améliorer notre confort de vie pour pouvoir subvenir aux besoins de ce bébé, mais nos caractères respectifs ont également soif de liberté. Nous désirons reprendre le contrôle, être maîtres de nos vies plutôt que de dépendre d'autres volontés pour choisir nos périodes de vacances ou nous rendre à une manifestation de l'école de notre enfant par exemple. On a tous des chemins de vie différents, avec des désirs différents : il n'y a pas de choix meilleur qu'un autre, le plus important est qu'il nous convienne, qu'on se sente en harmonie avec soi-même. Avec Clément, nous sommes sur la même longueur d'onde : nous mettons un enfant sur terre en désirant plus que tout le voir grandir au quotidien. Plutôt que de travailler pour d'autres, pourquoi ne pas créer notre propre entreprise familiale ? Travailler ensemble à notre compte nous semble la bonne solution pour notre famille, pour pouvoir nous relayer et élever notre enfant sans avoir à le faire garder la majorité de la semaine.

## Oser se lancer

Les planètes semblent alignées pour que ce projet réussisse. Nous sommes jeunes et ambitieux, nous voyons cette création d'entreprise comme une évidence. Nous avons construit notre projet avec beaucoup de sérieux, fait une étude de marché. Clément et moi sommes prêts à tout donner pour faire fonctionner ce futur magasin. Nous n'avons pas grand-chose, mais nous sommes déterminés, ce qui constitue notre force.

Avons-nous peur ? Je ne crois pas, la peur est une émotion qui permet de prendre conscience d'un danger, d'une menace. Elle peut donc aider à identifier les risques mais elle peut aussi paralyser et nous empêcher de prendre des décisions. Notre jeune âge et notre volonté de réussir pour notre bébé à naître sont des atouts dans cette aventure entrepreneuriale.

Avec le recul, je me dis que c'est plus facile car nous partons de rien, donc nous n'avons rien à perdre. Cela facilite les choses : quoi qu'il arrive, ça ne peut être que bénéfique. Aujourd'hui, si c'était le capital que j'avais mis de côté pendant dix ans que je devais remettre en jeu et avec quatre enfants à charge, la donne serait différente.

Finalement, pour ce projet comme pour tous ceux qui ont suivi, le moment clé est celui où l'on prend la décision de se lancer, où l'on passe du rêve à une réflexion concrète, où l'on se met en mouvement. Osons croire en nos rêves et agissons ! Personne ne le fera à notre place.

## Tenir bon malgré les obstacles

Tout est prêt, nous sommes sur le point de signer. L'achat de ce magasin est un grand saut dans le vide puisque c'est la rupture conventionnelle de Clément qui permet d'ouvrir les discussions avec la banque et qui sert de base de financement. Impossible donc de garder la sécurité d'un emploi tout en montant le projet. Mais la veille du rendez-vous, le vendeur annule tout, il a décidé de faire affaire avec un autre acheteur qui a un meilleur profil. La douche froide. Je me sens désespérée, impuissante, j'ai l'impression qu'il nous a menés en bateau jusqu'au dernier moment. C'est là que j'ai peur. J'ai terminé mon CDD, ni Clément ni moi n'avons de travail et tout le projet que nous avons patiemment construit et rêvé vient de s'évaporer. Tout est à refaire. Nous n'avons pas de plan B, notre situation est précaire et notre bébé arrive.

Malgré la déception vive, il est hors de question d'abandonner. Les semaines qui suivent sont intenses et compliquées. Nous calculons, cherchons des locaux, comparons. Et un jour, nous le trouvons. C'est un local commercial dans une maison de village où tout est à refaire. Nous nous imaginons travailler ensemble là-bas, créer de zéro un magasin à notre image, élever notre bébé librement… La confiance revient. Plus mon ventre s'arrondit, plus notre projet mûrit, rien ne peut nous arrêter.

Même si, sur le moment, c'est souvent difficile à voir, je suis convaincue que tout arrive pour une raison. Les obstacles et les épreuves nous permettent de sortir de notre zone de confort et de nous réinventer, d'apprendre. Dans le cas présent, c'est un mal pour un bien. Cet incident, aussi insurmontable qu'il nous paraît sur le moment, je le vois aujourd'hui comme un cadeau. L'affaire que nous créons nous mène vers la liberté que nous souhaitons connaître dans notre vie professionnelle et familiale.

Nous sommes à la maternité, Martin vient de naître quand nous avons un coup de fil de la banque : notre prêt pour la création de notre magasin d'optique est accepté ! Deux aventures commencent et s'entremêlent alors au même moment, le grand saut dans la parentalité et notre vie entrepreneuriale.

## Faire avec peu

Lorsqu'on se lance dans un projet, on se met souvent de multiples barrières. Peut-être est-ce la peur du changement ou de l'inconnu qui se manifeste ainsi. Dans notre cas, nous aurions pu nous dire que le lieu était en trop mauvais état, que notre budget pour le rénover était insuffisant, que nous ne savions pas faire. Je suis convaincue que la perfection n'existe pas ! C'est à nous de nous offrir des opportunités.

Notre magasin, nous le créons avec peu. Clément le rénove lui-même. C'est sa première expérience de bricolage, mais il se lance, regarde des tutoriels, essaie. Faire est d'ailleurs la meilleure méthode d'apprentissage. Pratiquer, prendre confiance, comprendre, intégrer des gestes et des méthodes, mais surtout se tromper. Chaque erreur est une leçon qui permet de progresser. Pour Clément, c'est une révélation. Quelle satisfaction d'avoir tout fait de ses propres mains ! Nous faisons preuve d'imagination pour réduire les coûts : nous transformons des meubles Ikea, nous achetons d'occasion des présentoirs, un réfractomètre et une machine à tailler les verres. Nous nous créons cette chance, et en même temps nous nous sentons chanceux de pouvoir ouvrir notre magasin, nous sommes fiers de ce que nous avons accompli.

## Notre couple, notre force

Nous voulons tant que notre magasin marche que nous avons mis dedans tout ce que nous sommes, tout ce que nous avons. Son âme, c'est notre sincérité, notre enthousiasme, notre famille. Nous formons un duo soudé qui se complète bien : Clément s'occupe de l'atelier, des examens de vue. Je m'occupe de l'administratif et de la comptabilité. Nous sommes investis dans la vie du village, nous sommes un commerce de proximité centré sur l'humain. Clément a un très bon relationnel, il prend le temps avec les clients.

Lorsque Martin a trois mois, j'essaie de le confier quelques jours par semaine pour avoir plus de temps libre pour m'investir dans le magasin. Mais j'ai le cœur déchiré en mille morceaux. Au bout de quelques jours, la nounou nous annonce qu'une autre famille lui a proposé un temps plein et qu'elle ne peut plus prendre Martin. Je ressens un immense soulagement. Cette courte expérience m'a permis de prendre conscience que c'est à moi de m'occuper de lui, que j'en ai besoin. Le mercredi, Martin est gardé par sa grand-mère mais la plupart du temps, je l'emmène au magasin. Ce n'est pas de 9 heures à 19 heures ni tous les jours, mais nous trouvons notre rythme tous les trois ensemble. Nous avons une arrière-boutique où je peux installer un lit parapluie et un tapis d'éveil. Il devient vite la mascotte du magasin, les clients passent le voir. Notre magasin a un esprit familial qui nous correspond bien.

## Des premiers voyages

On me demande souvent à partir de quel âge on peut voyager avec un tout-petit, on craint souvent que le bébé soit trop jeune. En réalité, je ne me suis jamais posé la question. Je suis néerlandaise. Depuis l'installation de mes parents en France pendant mon enfance, j'ai pris l'habitude d'aller régulièrement aux Pays-Bas voir mes grands-parents, mes oncles et tantes, mes cousins et cousines. Lorsque Martin est bébé, il est tout naturel que je l'emmène là-bas pour le présenter à ma famille. Peu après sa naissance, j'ai fait faire sa carte d'identité et il a pris l'avion à l'âge de six semaines. Je ne suis pas stressée par le périple, je me dis qu'à cet âge, il pourra dormir ou je le mettrai au sein. D'ailleurs, tout se passe bien ! Ce qui compte le plus pour moi à ce moment-là, c'est la joie de pouvoir présenter mon fils à ses arrière-grands-parents.

Toutefois, nous ne sommes pas encore prêts à faire de grands voyages en famille même si l'envie nous accompagne depuis longtemps. Clément était sur le point de partir en Australie avec deux de ses amis quand nous sommes tombés amoureux et il n'est jamais parti. De mon côté, mon enfance a été bercée par les récits des safaris de mon grand-père et à onze ans, mes parents ont quitté les Pays-Bas pour s'installer dans le sud de la France. J'ai appris une nouvelle langue, changé de pays, de culture. C'est une expérience qui m'a enseigné que je pouvais m'adapter, qui m'a ouvert au monde.

Quand Martin a onze mois, Clément et moi le laissons avec ses grands-parents et nous partons en amoureux à New York. J'ai arrêté de l'allaiter depuis 1 mois, donc ça ne pose pas de problème. On entendait dire : ce n'est pas parce qu'on a un enfant qu'il faut s'oublier, pensez à prendre soin de votre couple, faites des choses à deux. Nous sommes jeunes, nous n'avons pas eu le temps de voyager loin ensemble, alors nous nous lançons. C'est la première fois que nous prenons un long courrier, nous nous sentons comme des amoureux sans enfant. Nous adorons notre séjour mais en même temps, mon fils me manque. Lorsque nous rentrons, Martin m'ignore. Ça ne dure pas longtemps mais il me fait comprendre qu'il est vexé. Après cette expérience, je n'ai plus envie de partir juste à deux aussi longtemps avec Clément et l'idée d'aller loin mais en famille commence à germer.

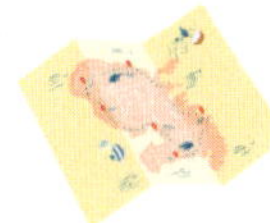

Quelques mois plus tard, en juillet, pour le premier anniversaire de Martin, nous partons faire du camping dans les gorges du Tarn. Mon frère Valentin alors âgé de sept ans est avec nous. Notre chiot Iris, un golden retriever de six mois est aussi de la partie. Ma maman nous prête une grande tente familiale qui se divise en deux chambres, une pour nous et une pour les enfants dans laquelle j'installe le lit parapluie de Martin. Nous profitons de la rivière, des cascades, des gorges. Nous prenons beaucoup de plaisir à contempler les étoiles ensemble. Je me revois au camping baigner Martin dans une bassine posée dans l'herbe : qu'il est joyeux ! Il n'a besoin de rien de plus que de nous et nous de lui. Tout coule de source. Ce sont des vacances simples, mais tellement ressourçantes. Lorsque la pluie s'installe de manière durable, nous décidons de plier la tente et de prendre la direction de l'océan Atlantique pour finir le séjour. C'est l'avantage de ne pas réserver son séjour, nous étions dans un petit camping municipal où nous payions au jour le jour. Nous aimons déjà les road trips mais nous ne le savons pas encore !

On entend régulièrement : « Voyagez avant d'avoir un bébé, après, ça sera fini avant un bon nombre d'années ! » Naturellement, notre manière de voyager change, tout comme notre quotidien et notre rythme se modifient avec l'arrivée d'un bébé. Mais si l'on en a envie, il est possible de continuer tout en y prenant plaisir ! Les jeunes enfants aussi apprécient de voyager. Ils sont curieux, s'intéressent à ce qui les entoure, s'émerveillent. En les observant, en respectant leurs besoins, il est tout à fait possible de partir en famille avec un bébé.

# Notre famille s'agrandit

## La force d'une fratrie

Avec Clément, nous avons envie d'avoir plusieurs enfants et ma deuxième grossesse arrive rapidement. De mon côté, je suis l'aînée d'une fratrie de quatre. J'ai deux et cinq ans d'écart avec mes sœurs. J'avais 14 ans lorsque mon frère est né et mes sœurs et moi étions très fières d'avoir un petit frère. Pendant son enfance, je l'ai emmené un peu partout et nous avons partagé beaucoup de moments avec Clément. Il nous a accompagnés lors de nos premières vacances en famille dans les gorges du Tarn, à Disneyland Paris, aux Pays-Bas et au Canada. Ma mère disait toujours : « Le pauvre, il a quatre mamans ! » Il a également une relation précieuse avec Martin et Rose.

J'adore mes frère et sœurs et je n'imagine pas ma vie sans eux. C'est une relation fondamentale pour moi, savoir que quoi que l'un d'entre nous traverse, on n'est pas seuls, on a quelqu'un sur qui compter, en qui on a toute confiance. J'avais envie d'offrir à Martin la possibilité de partager cela à son tour. Quand Clément venait dans ma famille, il aimait l'ambiance des grands repas, l'atmosphère joyeuse et animée. Pour nous, avoir plus de deux enfants est une évidence.

Avec Clément, nous sommes convaincus que moins nos enfants auraient d'écart d'âge, plus ils seraient proches. Aujourd'hui j'ai quatre enfants et je dirais que j'avais tout faux ! Oui, Martin et Rose ont été fusionnels et le sont toujours. Au final, je pense qu'il n'y a pas d'écart idéal. Les différences d'âge entre mes quatre enfants vont de 21 mois à neuf ans, et chaque relation est unique et belle.

## Un deuxième accouchement qui ne se passe pas comme prévu

Je suis incroyablement zen pour cette nouvelle grossesse, comme pour les autres d'ailleurs. J'adore sentir mon bébé bouger, me donner des petits coups de pied. Je ne me sens jamais autant en harmonie avec mon corps que quand je suis enceinte, j'ai une énergie débordante.

Le jour du terme, je me rends à l'hôpital. L'examen est douloureux et la sage-femme m'annonce que le col est fermé, que l'accouchement n'est pas pour aujourd'hui. Quelle déception, j'ai envie de rencontrer mon bébé... L'échographie est bonne, tout va bien, je peux rentrer chez moi. Toutefois, l'hôpital me prévient que si le travail ne se met pas en route naturellement d'ici quatre jours, l'accouchement sera déclenché. J'avais subi un déclenchement pour mon premier accouchement et je voulais à tout prix en éviter un nouveau. Sur les conseils de ma sage-femme libérale, je vais faire une séance d'acupuncture. C'est ma maman qui m'y emmène. Elle craint que le travail se mette en route pendant que je conduis. Martin nous accompagne, leur présence me rassure. Pendant la séance, ils vont faire quelques courses ensemble.

Je suis confiante. À 4 heures du matin, je me réveille à cause des premières contractions. Comme elles sont peu douloureuses, Clément est persuadé que ce n'est pas encore le grand jour et il part travailler, en attendant l'avis de notre sage-femme. Celle-ci passe à la maison dans la matinée faire un monitoring (c'est-à-dire enregistrer le rythme cardiaque du bébé ainsi que l'intensité et la fréquence des contractions). Pour elle, j'aurai mon bébé dans les bras avant la fin de la journée, quel soulagement !

Nous sommes le 21 juin, il fait chaud. L'eau de notre piscine hors sol est à une température idéale et ça me fait un bien fou d'y plonger. Je suis sereine, heureuse. Je suis reconnaissante envers mon corps de s'être mis spontanément en travail, chaque contraction me rapproche de mon bébé. J'ai confiance en lui, cette fois-ci j'arriverai à mettre cet enfant au monde moi-même. Ma sage-femme m'a conseillé d'attendre le dernier moment pour partir à l'hôpital afin que l'attente là-bas ne soit pas trop longue. J'aime bien cette idée, alors je profite, je prends mon temps, je me repose dans ma chambre, j'écoute de la musique. Mes contractions sont supportables et je les accueille tour à tour. Je me sens forte, puissante.

Clément met une petite cigogne sur la porte du magasin et vient me rejoindre. Ma mère récupère Martin. Nous sommes excités, nous avons hâte de rencontrer notre bébé. Cette fois-ci (et les fois suivantes), Clément m'a proposé de garder la surprise du sexe pour la naissance. La grossesse est une période très abstraite pour lui, il a du mal à se projeter. Cette idée est sa façon à lui de participer. Je suis très curieuse, donc c'est un vrai défi, mais sa demande me touche. Je me prends au jeu même si au moment des échographies, il est difficile de résister à la curiosité et nous fermons les yeux lorsque le praticien survole la zone !

Nous prenons enfin la voiture direction la maternité, qui est à 20 minutes environ. Là, les choses changent du tout au tout : j'ai l'impression que le trajet ne va jamais finir, les contractions deviennent très violentes. C'est un moment particulièrement difficile à traverser pour moi, un des plus douloureux de l'accouchement. Nous arrivons, il est 13 heures. Je me souviens encore du sentiment d'absurdité qui m'envahit : j'ai des contractions hyperintenses mais il faut d'abord remplir la paperasse ! Clément s'en charge et je patiente tant bien que mal dans le couloir. Enfin, la sage-femme m'accueille en salle d'examen, m'ausculte et m'annonce que la dilatation est à 5 cm. Cela signifie que le travail est bien engagé et je peux m'installer en salle de naissance. Entre deux contractions, je lui raconte l'expérience traumatisante de mon premier accouchement. Elle est douce, à l'écoute, et me met à l'aise. Elle est partante pour me suivre dans l'accouchement physiologique que je désire, sans avoir recours à la péridurale. Le temps passe, les contractions redeviennent supportables, après avoir probablement été décuplées par les vibrations de la voiture. Comme je n'ai pas de péridurale, je peux marcher, m'installer sur le gros ballon qui a été amené là. Mais je suis peu accompagnée, plusieurs salles de naissance sont occupées, les sages-femmes ont fort à faire et manquent de temps. Je pense d'ailleurs qu'il serait essentiel d'appliquer le principe « une femme = une sage-femme », d'où mon choix d'accoucher plus tard à la maison et en plateau technique. C'est peut-être ce qui m'a manqué : être guidée dans des positions favorisant la descente du bébé dans le bassin. Pour Martin, cette étape avait duré trois heures, bien au-dessus de la moyenne.

Les contractions se font de plus en plus intenses jusqu'au moment où j'ai l'impression que je ne peux plus les supporter. J'ai une perte de confiance brutale, l'impression que je ne vais jamais y arriver, que je vais mourir là. C'est tout à fait normal, je suis en train de traverser ce qui s'appelle la phase de désespérance, signe que le bébé arrive. Mais nous sommes seuls à ce moment-là et ni Clément ni moi ne le savons à l'époque, je n'en ai jamais entendu parler, je ne l'ai lu nulle part, je ne peux donc pas l'identifier. Au contraire, j'ai honte de me sentir incapable. Je sens que quelque chose se bloque intérieurement, je me fais toute petite en me remettant en cause. En réalité, ce que je ressens, c'est ce que la nature a prévu. Je suis puissante et sur le point de mettre mon enfant sur terre, comme tant de femmes dans le monde. Fiez-vous à votre instinct, quoi qu'on vous dise, quoi que vous traversiez, faites-vous confiance. Au final, j'aurais dû pousser de toutes mes forces à cet instant précis, me dire : « Je donne tout, il faut qu'il sorte maintenant ! » Mais le moment passe. J'attends, je réfléchis trop, je suis avec les soignants au lieu de me concentrer sur mes contractions et mon souffle, je perds la connexion avec mon corps et mon enfant. Je pleure, je suis perdue. Clément essaie tant bien que mal de me redonner confiance mais je n'y arrive plus. Je me sens médiocre et faible.

La sage-femme me dit que le cœur du bébé ralentit, que je suis à 10 depuis une heure et demie. Elle m'annonce qu'il faut poser une péridurale en urgence et qu'il y a un risque de césarienne. Je ne veux pas d'anesthésie, pas maintenant alors que je suis si proche du but. Hors de question de revivre la perte de contrôle de mon premier accouchement. Mais la sage-femme insiste auprès de Clément : « Dites-lui, vous, Monsieur... » Sans péridurale, si je dois subir une césarienne, je devrai avoir une anesthésie générale et je ne pourrai pas accueillir mon bébé. Vu sous cet angle... On m'envoie une forte dose d'anesthésiant. On me fait pousser mais je ne sens plus rien, alors que je maîtrisais bien jusque-là. Dix minutes plus tard, avec l'aide d'une ventouse, le bébé naît. Sur le moment, je ne pense plus à ça mais avec le recul, j'ai eu une sensation d'immense gâchis de mon accouchement.

La sage-femme pose le bébé sur mon ventre. Il est là ! J'oublie tout. Les émotions se bousculent : joie, soulagement, amour. Je ne regarde même pas le sexe, je m'en moque, je suis tout à la rencontre avec mon tout-petit. De toute manière, je suis persuadée que c'est un garçon. La sage-femme nous demande : « Vous ne voulez toujours pas savoir si c'est un garçon ou une fille ? » C'est Clément qui regarde. Il rit et me dit : « C'est une fille ! » Je lui réponds : « Arrête, je sais que c'est un garçon. » « Mais non Jill, c'est vraiment une fille ! » J'ai dû vérifier par moi-même car je pensais sincèrement qu'il blaguait. Je m'étais imaginé un petit garçon tout ce temps. Au final, j'ai trouvé cette surprise du sexe incroyable, car ce n'est pas un garçon ou une fille que je découvre, c'est mon bébé.

« Vous avez un prénom ? » nous demande la sage-femme. Oui, Rose. Et elle a tout d'une rose, son prénom lui va merveilleusement bien. Je la mets au sein, mon corps n'a pas oublié, le colostrum est là et Rose se débrouille à merveille. Nous avons agrandi notre famille, une nouvelle aventure commence.

Le lendemain, ma mère emmène Martin à la maternité. Je suis en pleine forme, mon accouchement s'est beaucoup mieux passé que le premier.

Je n'ai pas de séquelles physiques et je savoure. Mon petit Martin est euphorique et fier de rencontrer sa sœur. Que de bonheur pour nous tous !

## Se faire confiance : la découverte de la parentalité bienveillante

C'est lors de séances de yoga maman-bébé que je rencontre Marion, une maman de deux enfants qui ont les mêmes âges que les miens, dont l'aînée s'appelle aussi Rose et dont le mari est également opticien (improbable, mais véridique !). Elle me parle d'une association de maternage dont elle est membre et qui organise de nombreux ateliers autour de la parentalité : portage, découverte des couches lavables, papotages autour de l'allaitement, signer avec bébé, mieux communiquer avec ses enfants, etc. En six mois, j'essaie pratiquement tous les ateliers que l'association propose. J'adore fréquenter ces mamans, je les trouve à l'écoute de leurs enfants, inspirantes.

Cela me permet aussi de sortir d'une sorte d'isolement. Je suis jeune et j'ai déjà deux enfants, mes copines n'en ont pas encore, j'ai un sentiment de décalage. Je n'ai personne de ma génération avec qui échanger, partager des angoisses ou des astuces. Voir une maman s'épanouir dans son allaitement avec un bébé de plus d'un an est aussi libérateur.

Naissance de Rose 2014

J'allaite car j'adore cette fusion. Ce n'est pas « mieux », c'est juste ma préférence à moi. J'ai l'impression d'être dans une bulle avec mon bébé. Comme je suis tête en l'air, il m'est déjà arrivé d'oublier le sac à langer quand je pars, le fait d'allaiter me sauve ! Rien à nettoyer, pas à penser à racheter du lait, qu'est-ce que c'est pratique ! Quand le bébé a peur ou quand nous voyageons, le mettre au sein le rassure. Certains diront, quand on prend un bébé qui pleure : « Ah, il a gagné ! » ou « Tu lui donnes de mauvaises habitudes. » Mais non ! C'est un tout-petit, il a besoin de ses parents, toutes les études aujourd'hui le montrent. De plus, je considère qu'il n'y a pas de mauvaises habitudes mais seulement des habitudes : certaines conviennent à un instant donné, et lorsque ce n'est plus le cas, alors on en change et on en crée de nouvelles.

On a vite fait de faire culpabiliser les parents, surtout les mères. Un enfant pleure au supermarché ? « Qu'il est mal élevé... » Un tout-petit veut rester au parc et crie ? « La mère ne sait pas s'y prendre... » Qu'il est difficile de ne pas culpabiliser dans ces conditions ! D'autant que notre juge intérieur est sûrement le plus sévère de tous. En tant que mère, je culpabilise très facilement et je crois que je ne suis pas la seule : je me dis que c'est à cause de moi que Martin fait des crises. Au travers des ateliers organisés par l'association, je découvre de nouvelles ressources pour communiquer avec mon fils, les échanges m'ouvrent de nouvelles perspectives. Martin était un bébé qui pleurait beaucoup, nous avions du mal à le comprendre. J'essayais ce que je connaissais mais ça ne marchait pas. C'était notre premier enfant, nous ne savions pas comment nous en occuper mais nous faisions de notre mieux, comme tous les parents. Clément et moi avons eu foi en cette éducation quand nous avons constaté la différence avec notre fils. Ce sont des choses qui peuvent sembler simples ou évidentes, mais qui ne sont pas du tout innées ou qui n'étaient pas dans nos habitudes. Cette manière d'observer son enfant, d'essayer de comprendre sa manière de fonctionner est une révélation. Cela me libère aussi d'un poids énorme.

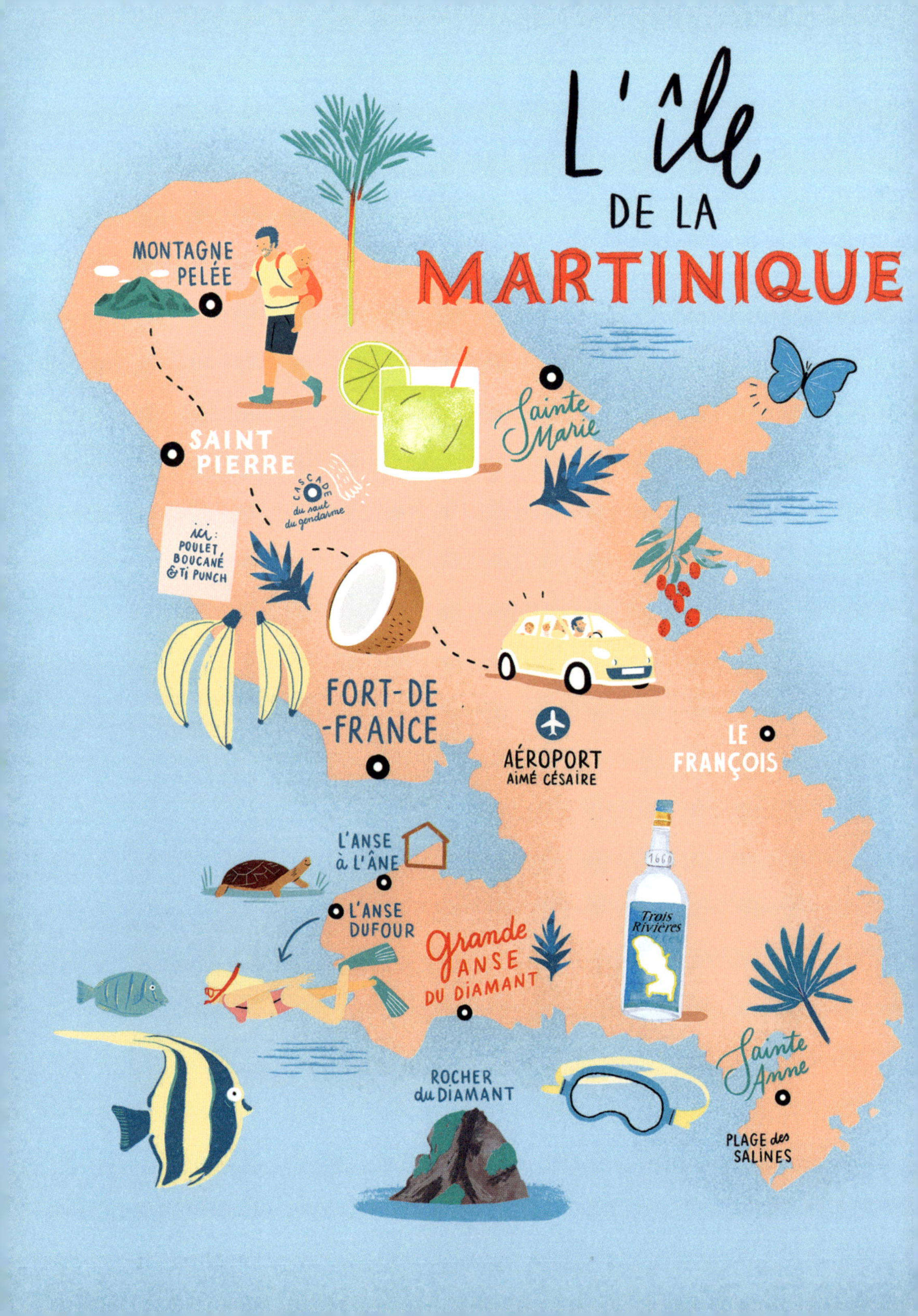
L'île
DE LA
MARTINIQUE
MONTAGNE PELÉE
SAINT PIERRE
CASCADE du saut du gendarme
ici : POULET BOUCANÉ & Ti PUNCH
Sainte Marie
FORT-DE-FRANCE
AÉROPORT
AIMÉ CÉSAIRE
LE FRANÇOIS
L'ANSE à L'ÂNE
L'ANSE DUFOUR
Grande ANSE DU DIAMANT
1660
Trois Rivières
ROCHER du DIAMANT
Sainte Anne
PLAGE des SALINES

# La Martinique : notre premier grand voyage en famille

## Une destination exotique mais française

Le magasin est ouvert depuis deux ans. Rose vient de fêter ses six mois et Martin a deux ans et demi. Nous sommes en plein hiver. C'est le bon moment pour partir en vacances. Direction la Martinique ! C'est la destination parfaite pour nous car nous avons envie de soleil, d'être dépaysés, et en même temps le fait d'être en France est très rassurant. C'est notre premier grand voyage, et avec deux enfants en bas âge, nous nous disons que s'il arrive quoi que ce soit, nous pourrons facilement trouver une solution.

Nous partons deux semaines en janvier. Nous sommes tellement contents et fiers de le faire tous ensemble, à quatre ! Le vol se passe bien. Martin est étrangement calme, je pense que c'est en partie lié au fait que dans les grands avions, chaque siège est équipé d'un écran. À l'époque, il n'a pas accès aux écrans à la maison, il est donc heureux de regarder des films comme un grand. Il finit par s'endormir. La compagnie aérienne fournit un berceau pour les bébés de moins d'un an et Rose dort très bien dedans. Côté budget, les bébés de moins de deux ans voyagent gratuitement. J'ai suivi des cours de portage avant notre départ pour éviter de nous charger des poussettes et pour être confortable dans l'avion avec Rose si je devais marcher avec elle dans les allées. Au final, elle passe le vol à téter et à dormir. On se fait souvent des scénarios catastrophes sur les voyages en train ou en avion avec des tout-petits. Dans la majorité des cas, tout se passe bien. Il peut bien sûr y avoir des petites tensions, des instants d'incertitude ou d'inquiétude, parfois des pleurs. Au final, une fois arrivés à destination, on a déjà oublié et plus tard, ces moments-là deviennent d'excellentes anecdotes.

## S'adapter au décalage horaire en douceur

L'avion atterrit en début de soirée, il fait nuit. Je me souviens de la chaleur et de l'humidité écrasantes au moment de sortir de l'aéroport. C'est assez déconcertant. Nous entendons le chant des oiseaux, il y a une grande différence entre l'agitation d'Orly et l'atmosphère si paisible de l'île de la Martinique.

Le décalage horaire est de cinq heures (six en heure d'été). Les tout premiers jours, Martin se réveille à 4 heures du matin (ce qui fait donc 9 heures du matin en métropole), il veut aller sur la plage, voir les oiseaux. Rose aussi se réveille, mais elle tète puis se rendort. En quelques jours, cela va mieux. Nous nous réveillons un peu plus tard chaque jour et nous nous adaptons vite. Si Martin se réveille trop tôt, nous lui expliquons que c'est encore la pleine nuit et le moment de dormir. Nous ajustons aussi nos horaires afin que ce soit plus confortable pour les enfants : nous nous levons vers 6 heures du matin, au moment où le soleil se lève, et nous les mettons au lit plus tôt, aidés par le soleil qui se couche vers 18 heures. À New York, je me souviens avoir assez mal vécu le décalage horaire. En Martinique, cela se fait plus en douceur grâce au rythme de vie plus lent que nous avons choisi : farniente, repos, plage, repas les pieds dans le sable... Nous nous écoutons.

## Un quotidien au rythme des enfants

Nous arrivons sur l'île en ayant prévu le logement uniquement, une petite maison de deux pièces à petit budget trouvée sur une plateforme de location. La propriétaire est adorable, elle a proposé de nous récupérer à l'aéroport et de nous amener directement à l'appartement.

Nous découvrons un havre de paix. Il y a une douche à l'extérieur pour le retour de la plage en plus de la salle de bains, les fenêtres n'ont pas de vitres, juste des volets, une jolie terrasse donne sur un jardin magnifique, entouré de la végétation luxuriante des tropiques, bercé par le chant des oiseaux. Et surtout, elle est à deux pas d'une plage calme et authentique, avec peu de monde, sans grand établissement à côté. Des pêcheurs vendent du poisson frais sur leurs bateaux au retour de la pêche, les habitants prennent le taxi boat direction la capitale, Fort-de-France, pour travailler, des restaurants tout simples servent du poulet boucané. Je me souviens encore du goût des fruits qui n'a rien à voir avec ceux qu'on trouve en métropole... Nous nous y sentons bien. La gentillesse des habitants nous marque, particulièrement leur bienveillance envers nos enfants.

Nous avons prévu de circuler en bus, mais la zone où nous séjournons n'est pas bien desservie. Ce n'est pas grave, nous louons une voiture qui nous donne la liberté d'aller où nous voulons, quand nous voulons. Je me souviens encore avec amusement de cette petite Twingo : le moteur manque de puissance et avec les côtes abruptes de l'île et la température extérieure, elle a du mal à avancer ! Elle s'arrête en plein milieu des grandes montées, il faut faire preuve d'imagination (sans Internet sur nos téléphones à l'époque !) et multiplier les stratégies pour les gravir : faire marche arrière pour tenter de se donner de l'élan, mettre le chauffage pour refroidir le moteur ou conduire en surrégime pour l'empêcher de caler. Cela nous force à nous arrêter mais on en profite pour regarder le paysage. Qu'est-ce qu'on a ri !

Nous ne ressentons pas de stress car il n'y a pas la pression d'une organisation minutée. Avec de jeunes enfants, le plus facile est d'adapter le programme en fonction de leur humeur du jour, et de la nôtre. Selon qu'ils sont fatigués ou en forme, nous décidons de faire des visites, d'aller explorer l'île ou de simplement profiter des plages alentour pour nous baigner et admirer les lieux. Avec Clément, nous ne sommes pas non plus à nous dire : nous ne pouvons pas rester là ou visiter ceci car les enfants doivent dormir. C'est simple : lorsqu'ils ont besoin de dormir, ils s'endorment ! Ils font leur sieste partout, Martin dans le porte-bébé et Rose dans l'écharpe, parfois sur la plage à l'ombre des arbres ou sous un petit parasol.

J'ai aussi repéré les plus jolies plages dans un guide de voyage que nous avons emporté. Martin est émerveillé, et voir son bonheur est incroyable. Il met la tête sous l'eau avec un masque et un tuba, il est à l'aise. À deux ans et demi, il se débrouille comme un chef ! Nous le voyons grandir, s'épanouir, prendre confiance. Nous nous baignons tous beaucoup. Tellement que Rose et Martin ont une otite, car ils ont eu trop d'eau chaude dans les oreilles. C'est là un des avantages d'être en France : nous allons voir un médecin qui prend la carte Vitale, nous parlons tous français, les médicaments sont les mêmes qu'à la maison. C'est rassurant. On se sent en confiance.

Au fil des jours, nous explorons l'île. Une randonnée mène à une cascade dans la jungle. Clément porte Martin, moi j'ai Rose. Nous nous y baignons, l'eau est glacée mais nous en avons plein les yeux. Nous avons l'impression d'être dans un film à jouer aux aventuriers avec les enfants, ils adorent ça. Un autre jour, un pêcheur-restaurateur avec qui nous avons sympathisé nous emmène passer la journée sur une île déserte. La plage avec les tortues marines dans leur milieu naturel est un autre moment fort du séjour. Qu'elles sont nombreuses ! Le plus merveilleux, ce sont les étoiles dans les yeux de Martin lorsqu'il les observe. Aujourd'hui encore, rencontrer des animaux en pleine nature est un moment très fort pour eux.

## Un voyage magique

Nous nous sentons privilégiés, heureux... Nous comprenons que nous vivons un des meilleurs moments de notre vie, tous les quatre ensemble. Ce premier « grand voyage » en famille nous marque. Il est harmonieux, sans disputes ni tensions. Nous avons pris une bonne décision de partir tous les quatre, ce voyage en famille est valorisant pour tout le monde. Il représente un premier essai convaincant. Cela nous donne confiance.

Chacun a sa propre définition des vacances parfaites. Pour nous, c'est cette sérénité, le fait d'être ensemble, d'aller à notre rythme. Nous n'avons pas cherché à visiter un maximum de lieux. La frustration vient parfois de cette pression où « tu ne peux pas aller là sans voir telle ou telle chose ». On accepte qu'on ne puisse pas voir tout ce qu'un lieu a à nous offrir. Et en même temps, c'est aussi en ralentissant que l'on savoure, que l'on peut faire des rencontres imprévues, sortir des sentiers battus, et faire un voyage inoubliable à notre manière.

Je recommande la Martinique à n'importe qui a peur de franchir le cap du premier voyage en famille : les gens sont adorables, les paysages sont très beaux et le vol ne dure que huit heures. Ça fait rêver et j'aimerais beaucoup y retourner !

L'ouest
AMÉRICAIN
1
SAN FRANCISCO
2
Yosemite
3
LAS VEGAS
4
ZION
5
BRYCE CANYON
6
CAPITOL REEF
7
Arche
8
MONUMENT VALLEY
9
Grand Canyon
10
LOS ANGELES
11
Monterey
COFFEE

# L'Ouest américain, notre initiation au road trip

Le retour des Caraïbes en plein hiver est déprimant, nous sommes accueillis à Paris par du froid et du brouillard. Je crois que ça contribue à nous donner envie de repartir ! Nous nous lançons dans un nouveau projet pour septembre.

## Organiser un séjour de trois semaines et 4 000 km

Visiter l'Ouest américain en famille nous fait rêver. Contrairement à la Martinique qui est une petite île, ce sont des grands espaces qui nous attendent. Impossible donc d'imaginer un programme aussi libre et flexible que celui de nos vacances dans les Caraïbes. C'est la première fois que nous nous lançons dans l'organisation d'un road trip et je le prépare pendant des mois : budget, lieux à visiter, réservations, distances à parcourir d'un jour sur l'autre, avion, etc.

Ni Clément ni moi n'avons jamais conduit de camping-car, mais cela nous attire et nous décidons de nous lancer : pour nous, c'est ça le rêve américain. Il arrive qu'on se pose beaucoup de questions quand on a envie de quelque chose de nouveau, et parfois ces interrogations et la peur de l'inconnu paralysent. Mais si on n'essaie pas, comment savoir si quelque chose peut nous convenir ? C'est en quelque sorte notre philosophie : vivre, c'est faire des essais. Parfois on se trompe, et alors on apprend. Parfois ça marche, et c'est fantastique !

Aux États-Unis, le camping-car est un mode de vie, et c'est pour nous la solution idéale pour ce voyage. On trouve partout des infrastructures pour vider les eaux usées, remplir l'eau et le gaz, des laveries avec machines à laver et sèche-linge. Les routes sont larges, tout comme les nombreuses places de parking. Tout est adapté et c'est très appréciable pour une première expérience. Sans compter qu'à cette époque, il est plus économique pour nous de louer un camping-car plutôt que d'associer la location d'une voiture et celle d'appartements ou de nuits à l'hôtel (même si cela varie en fonction des périodes et des destinations). Ce mode de transport et d'hébergement nous offre liberté et stabilité : lors d'un road trip, on bouge beaucoup d'un jour sur l'autre. Avec le camping-car, on a sa maison avec soi. Les enfants ont leurs repères, on n'a pas besoin de se réinstaller dans une nouvelle chambre d'hôtel ou une nouvelle location à chaque fois, et on a un certain confort. Nous rêvons de dormir en pleine nature, ce qui aurait été compliqué, à moins de monter et démonter une tente tous les jours (et avec deux jeunes enfants, nous ne nous voyons pas, pour l'instant, faire cela).

Il faut prévoir précisément notre itinéraire afin de réserver les campings ou les emplacements où passer la nuit notamment dans les parcs nationaux très prisés. Ce sont des places de camping très espacées entre elles, équipées d'un foyer pour faire du feu. Surtout, elles sont immergées dans la nature, les animaux sauvages s'approchent tout près. Je vous le recommande chaudement, c'est une expérience extraordinaire !

## Le vol de l'enfer

Le 9 septembre 2015, nous prenons donc l'avion, après avoir déposé Iris et Iago, notre second golden retriever qui nous a rejoints depuis quelques mois chez le papa de Clément. En lisant notre expérience paisible du vol vers la Martinique, vous vous êtes peut-être dit : ils ont de la chance, nous, ça ne se passe pas comme ça. Rassurez-vous, nous sommes une famille comme les autres ! Parfois, les voyages se passent très bien. Parfois, c'est plus compliqué. Pour nous, ce vol Paris-San Francisco est le pire de tous ceux que nous avons faits ensemble. Le vol dure plus de 13 heures et il est très difficile pour Rose qui ne ferme pas l'œil un instant. Il y a des périodes plus ou moins sensibles pour prendre l'avion avec les enfants. Martin vit bien le vol. Il regarde des petits films, il est ravi du petit plateau-repas et il dort. Contrairement à la Martinique, Rose est cette fois-ci obsédée par la marche. Elle ne l'a pas encore acquise mais veut qu'on la promène, encore et encore. Clément essaie de s'occuper d'elle mais elle ne veut que moi. Je tente de la bercer, de lui chanter des chansons, de l'endormir en porte-bébé dans un coin de l'avion, mais rien n'y fait. Elle lutte pour ne pas s'endormir. Pour un tout-petit de 14 mois, il est impossible de comprendre qu'on ne peut pas s'arrêter et sortir de l'avion, qu'on n'a pas d'autre choix que de finir le vol. Je lui répète, peut-être plus pour moi que pour elle. Elle puise toute l'énergie que j'ai en réserve. S'il y a bien un vol qui te ferait dire : plus jamais je ne prends l'avion avec un jeune enfant, c'est celui-ci. En atterrissant, une Américaine me félicite : « Bravo pour ce vol, vous avez très bien géré ! » Ce compliment me met du baume au cœur par rapport au sentiment d'échec que je ressentais.

## Une arrivée un peu chaotique

Après 13 heures de vol épuisant, on ressent très violemment le décalage horaire de 9 heures. Nous avons perdu nos repères et c'est un peu comme si on enchaînait sur une deuxième journée. Nous avons réservé un hôtel en périphérie de la ville non loin du point de retrait du camping-car prévu le lendemain. Pour nous y rendre, il faut d'abord prendre un train – que nous nous retrouvons à attendre plusieurs heures à cause d'une panne, pas l'idéal avec deux jeunes enfants et la fatigue… Aujourd'hui, avec Internet, on peut facilement suivre les retards des trains, trouver des solutions alternatives. Mais en 2015, nous n'avons pas encore de data à l'étranger. Sur le moment, nous avons l'impression que jamais nous n'arriverons à destination car après l'épreuve du train nous attend celle du bus. Comme le séjour commence tout juste, nous n'avons que des billets de 20 $ fraîchement retirés du distributeur. Or, pour pouvoir prendre des tickets, il faut faire l'appoint. Il faut nous imaginer exténués, avec chacun un énorme sac à dos et un enfant en porte-bébé devant. Nous n'en menions pas large… Et là, incroyable, un monsieur qui a compris ce qui se passait paie le ticket de bus pour nous. À cet instant, nous sommes remplis de gratitude pour ce voyageur inconnu. Après plusieurs minutes de marche, l'hôtel est enfin en vue. Nous découvrons le confort des chambres à l'américaine avec deux lits king size dans une grande chambre familiale. Après un repos nécessaire, il est encore tôt et nous prenons la direction du centre commercial voisin pour passer le temps. L'hôtel est situé dans une zone industrielle et commerciale, et il n'y a pas grand-chose d'autre à faire. Nous y achetons des peluches Simba et Nala, les personnages principaux du *Roi Lion* de Disney, aux enfants. Ils les ont encore. Ça peut sembler anodin, mais en regardant ces peluches aujourd'hui, elles nous renvoient à nos souvenirs… C'est une sensation précieuse.

La fatigue nous rattrape et pour le dîner, Clément part chercher des burgers à emporter. Quel fou rire lorsque nous les ouvrons : il est revenu avec des burgers mexicains, en prenant l'option « spicy » pour lui. Le niveau d'assaisonnement n'est pas le même qu'en France et je le vois encore pleurer en le mangeant, tellement il était épicé !

Après une bonne nuit de sommeil, un petit déjeuner bien copieux et un coup de téléphone aux mamies, l'aventure peut commencer. L'Ouest américain nous fait rêver et nous trépignons d'impatience. La société de location nous a indiqué un horaire pour venir chercher notre camping-car. Nous quittons donc tous l'hôtel avec nos affaires. À 13 heures comme convenu, nous sommes sur place. Et là, le choc : une queue monstrueuse de clients, tous dans la même situation que nous. Nous pensions que les horaires attribués étaient étalés sur la journée, mais non. Nous nous retrouvons à attendre pendant plus de deux heures avec les enfants, en plein soleil. Si nous l'avions su, Clément serait parti seul pour prendre possession du véhicule, afin d'épargner une si longue attente aux petits. Après la déconvenue, une bonne nouvelle nous attend : nous sommes surclassés. Notre camping-car est immense, il fait neuf mètres de long ! Après une présentation de son fonctionnement si rapide qu'elle nous déboussole, c'est à nous de nous débrouiller. Sur le coup, tout va trop vite, d'autant que c'est la toute première fois que nous avons un tel véhicule entre les mains. L'aventure commence !

Avant de partir sur la route, j'ai prévu un arrêt au Walmart, une chaîne d'hypermarchés immenses où l'on trouve de tout. Nous y achetons deux sièges auto pour les enfants (ils n'en proposaient pas à la location), un GPS, et nous faisons des courses pour pouvoir vivre et manger pendant le séjour.

À cause du retard pris au moment de récupérer le véhicule, nous nous retrouvons en plein dans les bouchons de fin d'après-midi de San Francisco. Notre premier emplacement est à trois heures de là, au parc national de Yosemite. Finalement, nous mettons cinq heures à cause de la circulation dense et de la vitesse de pointe du camping-car que nous avons surestimée. Nous sommes épuisés entre le décalage horaire et la journée bien remplie. Heureusement, les enfants s'endorment facilement pendant que nous roulons. Nous arrivons de nuit. Tout semble fermé mais nous pouvons accéder à notre emplacement grâce à la réservation. Il fait nuit noire, nous nous couchons vite et le sommeil vient aussitôt.

Nous avons tous des moments plus ou moins difficiles ou démotivants pendant un voyage, et c'est tout à fait normal. Ce n'est pas grave, on trouve toujours une solution et surtout, ça passe... Peut-être que c'est désagréable à vivre sur le moment, mais avec le recul cela nous permet d'acquérir de l'expérience pour les prochaines fois. On se dit aussi que ce qui nous attend se mérite ! Relativisons, la peur de faire face à des soucis en voyage ne doit pas nous empêcher de voyager. Ayons confiance en nos ressources intérieures.

Route 66

Monument Valley

Yosemite

## Des paysages inoubliables et une nature préservée

Le réveil est grandiose et vaut toutes les difficultés traversées pour arriver là. Le Yosemite fait partie des grands parcs nationaux américains et nous sommes installés en pleine forêt, entourés de pics rocheux. Rien à voir avec ce que l'on connaît, c'est une sensation dingue de ne pas savoir à quoi ressemble son environnement au réveil. Quelle chance de pouvoir prendre son petit déjeuner dans un cadre aussi majestueux ! Nous oublions immédiatement les déconvenues de la veille. C'est parti pour notre première randonnée, chaque enfant bien installé dans son porte-bébé. Il existe en effet des porte-bébés pour les enfants plus grands, jusqu'à 18-20 kg, et que l'on porte sur le dos, ce qui permet de partir en promenade assez facilement même s'ils ont déjà deux ou trois ans. Nous porterons ainsi Rose jusqu'à quatre ans et demi. Martin marche un peu et dès qu'il manifeste des signes de fatigue ou de lassitude, il peut se reposer et même dormir sur le dos de papa ou de maman. Comme nous portons nos enfants au fur et à mesure qu'ils grandissent, nous sommes habitués et ce n'est pas désagréable.

Nous rentrons avant l'heure du déjeuner. Nous décidons de prendre le camping-car pour avancer sur un sentier du parc et découvrir un autre panorama. Nous arrêtons sur un plateau magnifique et profitons de la vue. Rose gambade partout fièrement, en se tenant à nous. Le soleil brille, Martin joue aux aventuriers avec des bâtons trouvés sur place, il grimpe sur des troncs d'arbre posés au sol. Clément prend des photos. Nous nous sentons seuls au monde... C'est là que le voyage en camping-car prend tout son sens. Nous faisons à manger sur place avec cette vue idyllique, nous pouvons nous occuper des enfants aisément. La charge du « où manget-on ? », « dois-je préparer un pique-nique ? », « ai-je emporté assez de couches ? » n'existe pas. Cela offre une vraie liberté d'avoir tout le temps sa maison avec soi et ainsi une capacité de stockage du nécessaire pour toute la durée du séjour.

Las Vegas, la ville de la démesure, est notre prochaine étape. Elle ne nous attire pas particulièrement, mais nous y passons pour rejoindre le parc national suivant, alors autant s'y arrêter ! Pour nous y rendre, nous traversons le désert. Comme dans les films, nous roulons sur ces grandes lignes interminables, des paysages lunaires à perte de vue de tous les côtés. Nous nous arrêtons dans des petits villages fantômes. De temps à autre, nous croisons un camion, une voiture, puis plus aucun signe de vie pendant des kilomètres. Parfois, nous apercevons des cactus, mais il y a très peu de flore ou de faune à observer. Nous sommes comme des gosses devant ces paysages sortis tout droit des westerns. Malgré tout le confort moderne du véhicule, il n'est pas équipé de climatisation à l'arrière. Les enfants ont chaud, ils s'impatientent. La route est difficile pour eux, je n'arrive pas à les occuper. Lorsque c'est comme ça, une pause s'impose : nous nous dégourdissons les jambes, mangeons un petit bout et ça repart ! De notre côté, nous transpirons mais nous sommes euphoriques : quelle fierté de pouvoir nous offrir cette aventure tous ensemble, c'est un de nos premiers voyages, nous réalisons notre rêve, nous sommes en famille, nous en prenons plein les yeux...

Un problème inattendu vient de la consommation de gasoil. Avant de partir, nous avons évalué un budget pour notre voyage en la prenant en compte, mais le camping-car est beaucoup plus gourmand que prévu. Il consomme du 25 litres aux 100 lorsque nous roulons à son rythme de croisière de 80-90 km/h. Le prix du gasoil dans le désert est aussi plus élevé qu'en ville, donc nous faisons le plein dès que nous voyons une station où le prix nous paraît raisonnable, même si le réservoir n'est pas vide. Nous décidons donc de ralentir notre vitesse moyenne afin de limiter la consommation et ne pas exploser nos dépenses, d'autant que nous parlons d'une distance à parcourir de 4 000 km. Impossible de s'arrêter en cours de route et couper le trajet sur deux jours : dans le cadre d'un tel voyage, tous les campings sont réservés et payés à l'avance, sans possibilité de changer de date, car ils sont très prisés. Il nous faut donc impérativement respecter notre planning.

Nous arrivons enfin. Nous avons réservé une chambre dans un grand hôtel de la ville, pour goûter à toute la folie que Vegas a à offrir. La chambre a vue sur la ville, elle est luxueuse, à la hauteur de nos rêves les plus fous. Il y a même une télévision dans les toilettes ! L'établissement abrite aussi une piscine spectaculaire avec des ponts. Après toute cette route, les enfants se détendent dans l'eau et nous en profitons ensemble. Nous mangeons au snack sur place pour économiser sur le budget mais quelle joie d'être à Las Vegas ! Ce n'est pas la visite que nous avons préférée de notre séjour, c'est très « bling bling », sans doute un peu trop pour nous, mais nous sommes contents de l'avoir vue. Nous nous questionnons également. C'est impressionnant de voir cette ville gigantesque au milieu du désert, de voir à quel point l'homme est capable d'adapter le milieu naturel pour le rendre habitable. Mais tout ce vert au milieu du désert, toutes ces piscines, toute cette eau... Nous nous demandons ce que sera Vegas dans 100 ans.

Notre itinéraire ne nous le permettait pas, mais si c'était à refaire, j'essaierais de placer une telle escale en fin de voyage, pour plus en profiter, car le confort de la maison ne nous manquait pas encore.

Nous reprenons la route. Le parcours est plein de surprises, comme notre arrivée au Grand Canyon. C'est un moment qui me marque et je m'en souviens encore précisément. C'est le site incontournable du voyage, nos attentes sont très fortes. Pour l'avoir vu en photo et dans des films, je m'attends à un environnement aride. En réalité, pour y arriver, il faut d'abord traverser une forêt dense. Le paysage change brutalement et on le voit soudain apparaître. Nous nous garons sur un parking avec une vue panoramique sur le site. Martin vient tout juste de se réveiller et Clément le prend dans ses bras. C'est gigantesque et je me souviens avoir eu la sensation d'être toute petite face à cette immensité naturelle. Nous faisons quelques pas. Clément s'assoit sur un petit rocher, Martin sur les genoux. Il est lui aussi subjugué et reste là de longues minutes à contempler ce paysage grandiose. Ça n'a pas de prix de voir notre petit garçon aussi impressionné que nous.

Le lendemain, nous tentons une randonnée sur le site. Elle est particulièrement appréciée du public et nous nous retrouvons oppressés : des promeneurs devant, des promeneurs derrière. Nous préférons renoncer au bout de quelques kilomètres. Tant pis ! Dans n'importe quel voyage, il y a tant de lieux à voir, à visiter... Il est impossible de tout faire. Mieux vaut être moins ambitieux en termes de quantité, et profiter à fond. Rien ne sert de se forcer si on ne le sent pas. On n'est pas là pour cocher des cases ! Nous avons profité de points de vue magnifiques, les enfants ont grimpé dans des petits arbres, nous avons pique-niqué dans un coin où nous étions seuls avec une vue panoramique sur le Grand Canyon. Cette journée restera gravée dans nos mémoires.

En rentrant à notre emplacement de camping en fin de journée, nous croisons un troupeau d'élans, immenses, majestueux, avec des bois imposants. Nous sommes tous bouche bée, les enfants ont des étoiles dans les yeux, nous aussi. Le soir, en prenant l'apéritif, nous les apercevons sur l'emplacement voisin, à quelques mètres de nous. Ils sont en train de manger paisiblement. Les enfants, quant à eux, jouent avec ce qu'ils trouvent sur place : des branches, des pierres, des troncs d'arbre. Ils sont dans leur élément. Nous n'avons pas pris beaucoup de jeux par manque de place, mais ça ne nous manque pas du tout. Les enfants ont quelques livres, des peluches et sur place, nous avons offert à Martin des figurines d'Indiens et une flûte taillée dans du bois. Martin se prend de passion pour l'univers des Indiens, il peut passer des heures à jouer avec ses figurines. Nous croisons souvent des tipis en bord de route et Martin nous demande de nous arrêter pour qu'il aille jouer. Aux États-Unis, on trouve aussi beaucoup d'aires de jeux, lieu idéal pour défouler nos petits et pique-niquer.

Nous visitons plusieurs parcs nationaux : Zion, Bryce Canyon, Capitol Reef, Arches, Monument Valley, Grand Canyon. Ils sont la raison de notre voyage et nous sommes émerveillés. À Capitol Reef, nous croisons de multiples biches qui étaient en équilibre sur leurs pattes arrière à se régaler de pommes dans les champs. C'est une vision incroyable et inoubliable. La nature est très bien préservée, les visiteurs respectent soigneusement les règles, les rangers sont très attentifs, ce qui permet aux parcs nationaux de rester très authentiques. Il y a aussi un gros travail de sensibilisation dans les parcs et les *visitor centers*. Un exemple ? Il est souvent interdit de ramasser du bois dans la forêt, il faut l'acheter. En effet, un ranger nous a expliqué que c'était une manière de respecter la chaîne du bois qui se décompose et assure une biodiversité. En contrôlant le ramassage, cela permet de préserver certaines zones.

## Le quotidien sur la route avec de jeunes enfants

Parfois, les enfants n'ont pas forcément envie de rouler, mais en règle générale, ils sont plutôt excités à l'idée de monter dans le camping-car.

Nous privilégions des moments stratégiques où ils peuvent dormir. Avec l'expérience des road trips, nous ajusterons ces moments : aujourd'hui, nous préférons rouler après le déjeuner, sur l'heure de la sieste. Ils sont ainsi plus sereins, dorment plusieurs heures puis sont en pleine forme pour prendre le goûter et découvrir le bivouac du soir. Mais à cette époque, nous roulons plutôt en fin de matinée. C'est l'heure de la sieste pour Rose et Martin s'assoupit aussi souvent, bercé par le véhicule en mouvement. Ainsi, ils ne sentent pas le trajet passer. Mais attention, prévoyez bien de faire le plein avant, car s'il vous faut vous arrêter en cours de route, tout le monde se réveille et là, c'est la catastrophe !

Au début, nous avons soif de découvertes et de nouveautés, puis au fil des jours, l'envie de se poser se fait aussi sentir. Ça tombe bien, c'est pile au moment où nous arrivons sur la Route 1, une route panoramique, qui longe l'océan Pacifique. Tout en respectant notre planning, nous écoutons aussi nos besoins. Nous mettons plusieurs jours pour arriver jusqu'à San Francisco. Hors des parcs nationaux, il n'est pas nécessaire de réserver les campings. Nous sommes fin septembre, il y a facilement des disponibilités et nous profitons pour avancer au gré de nos envies. Nous visitons le parc Pfeiffer Big Sur, nous croisons des colonies d'éléphants de mer sur les plages. Un après-midi sur la côte, nous admirons les baleines au loin et Rose fait ses premiers pas. Inoubliable.

La boucle s'achève par quelques jours à San Francisco. Le temps est ensoleillé, il fait bon. Nous aimons l'ambiance, les maisons colorées, les parcs de jeux pour enfants, les phoques sur le Pier 39 (surprenants), Chinatown, la visite d'Alcatraz (pensez à réserver !), le fameux Golden Gate aussi. Nous nous garons près de celui-ci : une vue à 5 étoiles ! La nuit, le stationnement est interdit (nous nous installons sur le parking du supermarché tout proche), mais il est possible d'y rester la journée. Nous prenons l'habitude de cuisiner des pancakes au petit déjeuner, et nous allons chercher un café à emporter.

Les enfants dorment bien tout au long du séjour. Nous n'avons pas de lit de bébé, j'endors Rose au sein, puis je la couche sur le grand lit à l'arrière du camping-car, en calant des coussins pour être sûre qu'elle ne tombe pas. Martin dort avec elle. Notre camping-car possède une capucine (espace au-dessus de la zone de conduite où se trouve un lit double) pour Clément et moi.

L'alimentation est souvent un sujet d'inquiétude lors des voyages. Les États-Unis sont un pays similaire au nôtre, il est donc facile de trouver des produits équivalents, des petits pots par exemple. J'allaite encore Rose donc la question du lait ne se pose pas. Si ce point vous angoisse particulièrement, n'hésitez pas à emporter avec vous le lait en poudre dont vous avez l'habitude au moins pour les premiers jours, en attendant de trouver sur place. Pour le reste, les enfants sont souvent contents de manger autrement car cela fait pleinement partie du voyage pour eux. Et encore plus aux États-Unis, le pays des burgers et des pancakes !

On me dit souvent : « J'ai peur de voyager avec mes enfants, ne sont-ils pas trop jeunes ? » Les enfants font preuve de curiosité, d'ouverture et d'une incroyable capacité d'adaptation. On s'en est rendu compte au cours de nos voyages. J'adore découvrir le monde à travers leurs yeux. Je suis convaincue que les voyages marquent les enfants, même s'ils sont très jeunes. C'est un mode de vie différent : ils voient et vivent autre chose, que ce soit en termes de paysage, de rencontres, de langue qu'ils entendent parler, de culture, etc., ils apprennent à s'adapter. Sortir de son milieu habituel (même pour ne pas aller très loin) est une véritable richesse à mes yeux. En outre, les enfants aiment avoir leurs parents avec eux H24 pendant plusieurs semaines, cela resserre les liens.

## L'envie de voyager

C'est un des plus beaux voyages que nous ayons faits. D'ailleurs, j'aimerais énormément y retourner, notamment pour que Martin et Rose puissent le voir autrement. Ils étaient très jeunes et ne s'en souviennent pas, même si nous avons des photos. Nous n'avons pas fait ce voyage pour qu'ils aient des souvenirs, mais parce que nous en avions envie, parce que ça nous faisait vibrer.

Nous nous sommes sentis bien pendant ce séjour et le camping-car a été une révélation. Nous commençons à considérer l'achat d'un véhicule de loisir, même si pour l'instant, nous n'en avons pas les moyens. Malgré une organisation assez précise, nous l'avons vécu de manière détendue. Nous nous sentions sereins, et les enfants le percevaient et l'étaient aussi. Il a été pour nous l'expérience idéale du voyage par la route, notre initiation, et nous avons eu envie de continuer.

Les îles
THAÏES
vers
BANGKOK
1
5
4
Krabi
PHUKET
KO YAO NOI
KO TARUTAO
2
3
KOH LIPE
MIAM
PAD THAI
vers
LA MALAI

# De voyage en voyage : passer du temps de qualité en famille

Avec Clément, nous avons besoin de projets pour nous mettre en mouvement et nous épanouir. Le magasin a trois ans. Toutes les conditions sont réunies pour passer à une autre grande étape, l'achat de notre première maison, même si ce n'est pas simple de trouver une banque qui accepte de nous suivre dans l'aventure. La maison que nous trouvons nous plaît beaucoup. Elle va avoir besoin de rafraîchissement, ce qui nous motive. Nous savons que c'est pour nous la seule façon de trouver un bien avec notre budget serré et surtout, nous aimons les challenges ! Nous allons pouvoir ainsi nous l'approprier, la personnaliser et peut-être lui faire prendre de la valeur. En même temps, nous savons déjà que ce ne sera pas la maison dans laquelle nous vieillirons… C'est une étape sur notre chemin familial.

Les voyages deviennent notre priorité et nous allons essayer de partir au moins deux fois par an découvrir le monde avec nos enfants. Pour pouvoir les financer, nous sommes très économes : nous faisons attention à nos dépenses quotidiennes, nous n'allons pas au restaurant, je vends les affaires qui ne nous servent plus. Nous mettons notre maison en location le temps du séjour, ce qui nous aide à payer le voyage. Pour le transport, nous cherchons les promotions sur les sites des compagnies aériennes et adaptons même notre destination en fonction des tarifs. Sur place, nous apprenons à faire avec moins, nous cuisinons nous-mêmes, nous faisons peu de sorties payantes pour privilégier les randonnées et les découvertes qui ne coûtent rien. Nous préférons partir plus régulièrement avec un petit budget plutôt que de faire moins de voyages.

## La Thaïlande : sortir des sentiers battus

Après des vacances détente dans les Caraïbes et un road trip dans l'Ouest américain, nous avons envie d'explorer un autre continent et de tester autre chose : le voyage en sac à dos. Nous ne sommes jamais allés en Asie et notre choix se porte sur la Thaïlande. C'est une destination touristique, donc assez facile pour voyager avec des enfants. Nous avons aimé les Caraïbes et les plages paradisiaques de Thaïlande nous attirent. Comme les billets sont abordables à ce moment-là, nous nous lançons.

Rose a alors 18 mois et Martin trois ans et demi. Nous partons tous ensemble deux semaines au mois de janvier. Afin de nous laisser porter par nos découvertes et les recommandations des locaux, je réserve simplement la première nuit chez l'habitant. Nous ne voulons pas rester sur l'île de Phuket où l'avion atterrit, mais aller visiter des petites îles sauvages. En préparant le voyage, je repère un bateau qui fait la liaison avec Koh Lipe (« koh » signifie île) où se trouve un parc national marin s'étendant sur plusieurs îles au sud du pays, à la frontière avec la Malaisie. À partir de là, nous pourrons plus tard nous rendre sur d'autres îles moins touristiques. Notre hôtesse réserve nos billets par téléphone. À 7 heures le lendemain matin, nous nous retrouvons sur le départ avec nos sacs à dos. Nous prenons nos billets et vérifions au moment de monter sur le bateau qu'il va bien dans la bonne direction. On nous assure que le trajet est direct, qu'il prendra six heures. Nous avons prévu un pique-nique léger, en nous disant que nous trouverons de quoi manger en arrivant.

Nous voulons de l'aventure, nous sommes servis ! La traversée dure 12 heures, la mer est très agitée, nous avons tous le mal de mer et nous sommes douchés par les embruns. Heureusement, des touristes néerlandais sympathiques nous donnent, à Clément et moi, des cachets, ce qui nous soulage, mais Rose est bien malade et elle vomit sur Clément. Nous avons l'impression que ça ne va jamais finir. Nous sommes sans aucun repère, et sans GPS pour nous repérer. Et soudain, en pleine mer, il faut changer de bateau. J'ai un vrai gros coup de stress à ce moment-là. Les autres touristes sont aussi étonnés que nous, mais nous suivons le mouvement, nous ne pouvons rien faire d'autre. Le soir tombe, la traversée semble interminable. Nous accostons enfin à 19 heures, épuisés. Pour la petite histoire, une fois installés sur l'île, nous voyons ce fameux bateau arriver tous les soirs à 19 heures. Il n'était pas en retard du tout, la compagnie améliorait la traversée pour pouvoir la vendre !

Une fois sur place, toutefois, tout est oublié : c'est le paradis entre le sable blanc, la mer turquoise et la nature. Nous nous promenons dans le petit village touristique où le bateau a accosté. Sur cette île du bout du monde, l'ambiance est légère, il y a des petits restaurants partout, ça sent si bon quand on passe devant. Nous trouvons un hôtel où passer la nuit puis nous ressortons manger un bout. La cuisine thaïe est un délice : la *papaya salad*, le *red curry*, le pad thaï... Les enfants adorent le *fried rice* et nous sommes tous séduits par les pancakes à la banane !

Le lendemain, nous partons explorer l'île à pied et nous tombons sur un autre hôtel où les chambres sont de grands cabanons confortables, directement sur la plage ! Nous nous y installons pour trois nuits. Notre chambre est équipée de deux grands lits doubles avec des moustiquaires et d'une salle de bains. Le lieu est idyllique et les petits déjeuners délicieux. Nous nous remettons doucement du décalage horaire (six heures de plus qu'en France, cinq heures en été). Clément plonge avec masque et tuba, il voit des poissons-clowns. Rose se promène sur le sable, joue avec son frère. Ils se baignent dans l'eau cristalline avec nous. Nous avons trouvé le paradis sur terre !

Une après-midi, alors que nous parcourons l'île à pied pour nous rendre sur une plage, nous traversons une zone qui n'est clairement pas destinée aux touristes. Nous y découvrons des piles de bouteilles en plastique, comme une immense décharge. Être confrontés à ces déchets plastiques sur une île si parfaite nous déboussole. Je suis envahie par un profond sentiment de dégoût, de gâchis et de culpabilité. On n'a pas toujours conscience de l'impact du tourisme, car c'est un aspect parfois bien caché. Lors de notre voyage en Amérique du Sud, nous serons sensibles à cette problématique environnementale.

Nous voulons continuer à découvrir la zone du parc national et prenons un bateau direction l'île de Koh Tarutao. Cette fois, la traversée se passe bien. Là, nous avons l'impression d'être seuls au monde – c'est justement ce qui nous y a attirés. C'est une grande île sauvage et préservée où la nature est reine. Le contraste avec Koh Lipe est flagrant. La seule route de l'île relie les deux villages, il y a deux restaurants. Une dizaine de cabanons sont disponibles à la location dans chaque village. Ils sont spartiates : des lits avec moustiquaire, une douche et un lavabo et une belle douche extérieure dans laquelle les enfants s'amusent. Nous lisons, nous profitons, nous observons la faune et la flore. Il n'y a pas d'électricité (juste une heure de générateur le soir), donc nous étions à 1000 % avec nos enfants. Nous avons adoré cette expérience authentique et hors du temps où il n'y a plus que l'essentiel. Certes, la mer est remplie de plancton en grande quantité qui pique la peau, mais qu'est-ce que c'est beau !

Grâce aux porte-bébés, nous pouvons nous déplacer facilement avec les enfants. Nous allons à leur rythme. Il fait tellement beau et chaud que les enfants sont en maillot de bain tout le temps. D'ailleurs, Rose devient propre à ce moment-là, nous ne nous y attendons pas ! Le fait de lui enlever les couches pour être plus à l'aise à la plage sert de déclic et elle acquiert la propreté la nuit en même temps. Elle est prête, ça se fait sans stress.

Rose prononce ses premiers mots sur place. L'île est pleine de singes en liberté. Nous sommes à la plage et deux dames laissent un paquet de chips sur leur serviette tandis qu'elles vont se baigner. Un singe attrape les chips puis file dans l'arbre avec son butin, devant les yeux ébahis de Rose qui dit : « Singe pi pis ! » (le singe a pris les chips). Tous ces progrès nous émerveillent, nous voyons qu'ils sont à l'aise, qu'ils profitent autant que nous. On stresse parfois en se disant que les voyages ne sont pas adaptés aux plus jeunes, mais si on les observe et qu'on respecte leurs besoins, que les adultes sont heureux et détendus, alors les enfants le sont aussi et en profitent tout autant !

Autre avantage de cette destination : le budget. Nous sommes dans un parc national, et comme aux États-Unis, la nature y est reine, les installations sont réduites au strict minimum, ce qui fait que les prix sont accessibles. Nous dormons dans des bungalows entre 20 et 30 euros la nuit. Nous pouvons aussi nous permettre de manger dehors midi et soir. C'est un luxe de ne pas avoir à faire les courses, gérer la logistique, se demander ce qu'on va cuisiner…

Au bout de trois jours de promenades et de randonnées (mais nous ne pouvons pas aller très loin car l'île est très sauvage), de vélo (que l'on peut louer sur place) pour aller d'un village à l'autre, et de farniente à la plage, nous avons envie de voir autre chose. Nous prenons donc un petit bateau vers le continent puis un bus vers Krabi, pour éviter la traversée de l'aller. Comme nous n'avons rien réservé, nous pouvons adapter notre voyage à nos envies et notre énergie du moment. Lorsque nous sommes à l'hôtel, j'en profite pour planifier les jours à venir, où aller et dormir. Le plus souvent, nous entrons dans les établissements qui nous attirent et nous demandons s'ils ont une chambre de libre.

Après être remontés par la terre, nous prenons un speed boat pour aller visiter l'île de Koh Yao Noi. Elle est sans doute moins impressionnante que d'autres, mais c'est une île de pêcheurs, simple, hors des circuits touristiques fréquentés. Exactement l'atmosphère que nous sommes venus chercher. Du calme, de la beauté brute pour profiter de ce temps précieux en famille, une manière de revenir à l'essentiel. La mer de cette baie est remarquablement chaude, nous avons presque l'impression de prendre un bain, c'est une sensation nouvelle. Sur les conseils d'une famille française croisée sur place, nous lançons dans la location d'un scooter pour sillonner l'île. Nous conduisons prudemment et les routes sont très calmes. Avoir un moyen de locomotion nous permet d'aller découvrir la mangrove, les plantations d'hévéas, les rizières, les troupeaux de bétail. Les enfants sont réceptifs et curieux de tout.

Nous adorons cette douceur de vivre thaï. Les habitants sont très accueillants, tous ceux que nous avons croisés ont été très bienveillants avec les enfants. Comme ils parlent anglais, l'échange est très fluide. Et leur gastronomie délicieuse ! Les enfants s'adaptent très bien à ces nouvelles saveurs qu'ils apprécient. Ce voyage nous permet de prendre confiance : il est possible de partir sans avoir tout préparé minutieusement (bien sûr, cela dépend des exigences de la destination et des préférences des voyageurs). Nous avons goûté à une liberté et une flexibilité qui nous a plu. Il nous confirme aussi dans notre idée que nous pouvons partir dans des destinations lointaines avec de jeunes enfants, nous les avons vus s'épanouir et apprécier leur voyage, à leur niveau. Le dernier jour, Martin chantait sur la plage qu'il ne voulait pas rentrer en France, qu'il préférait rester avec les Thaïs. L'idée d'un grand voyage commence à germer, mais nous devons encore avancer avec notre magasin avant de l'envisager de manière plus concrète.

Thaïlande 2016

Le
CANADA
N
E
S
W
8
JASPER
NP
7
6
MALIGNE
LAKE
Icefields
Parkway
5
3
LAKE
LOUISE
Takakkaw
falls
2
MORAINE
LAKE
BANFF
NP
4
10
TELEGRAPH
COVE
1
VANCOUVER
9
TOFINO
VANCOUVER
island

## Le Canada : se débrouiller avec un petit budget

Nous repartons six mois plus tard, pendant les vacances d'été. Nous allons nous marier en septembre, nous sommes déjà partis en Thaïlande en début d'année, donc le budget est serré. Plutôt que de renoncer à nos vacances, nous décidons de partir en mode « roots », c'est-à-dire en tentant de réduire les coûts, en nous contentant du minimum au quotidien. Ça sera une révélation. Nous avons adoré notre road trip aux États-Unis, mais nous ne pouvons nous permettre de voyager en camping-car cette fois-ci. Nous louons la voiture cinq places la moins chère possible avec des sièges auto pour les enfants, nous dormons dans des tentes de randonnée (des modèles réduits pour pouvoir passer en soute) avec des matelas fins et des duvets 0 degré, nous cuisinons nos repas.

Pour ce voyage, nous voyageons à cinq, mon petit frère alors âgé de 10 ans se joint à nous. Nous atterrissons à Vancouver, récupérons le véhicule, faisons quelques courses puis nous commençons notre itinéraire en direction du parc national de Banff à 847 km au nord-ouest. Après une nuit dans un motel à petit budget en bord de route, nous reprenons la voiture et arrivons en fin d'après-midi.

Comme pour l'Ouest américain, nous avons réservé les campings des parcs nationaux en avance mais attention à bien lire les descriptifs ! Nous nous sommes retrouvés au milieu du séjour dans un camping qui proposait des toilettes, mais pas de douche ! Heureusement, nous avons pu accéder au camping voisin pour nous laver.

Vous l'avez compris, nous aimons nous promener en pleine nature, nous cherchons des visites authentiques, sauvages et simples où admirer la flore et surtout la faune. Pendant les dix premiers jours, nous randonnons dans les parcs de Banff et de Jasper. Nous avons espoir d'apercevoir un ours depuis la voiture (en revanche, nous avons la hantise de les croiser au détour d'une randonnée !). En effet, l'été, ils font leurs réserves pour l'hiver. Nous apprenons qu'ils pouvaient manger jusqu'à 256 000 baies par jour ! En plus, comme ils sont obsédés par le fait de manger en quantité, ils sont dans une sorte d'état second et ignorent ce qui se passe autour d'eux. Cela ne veut pas dire qu'ils ne sont pas dangereux : il faut rester vigilant car ils peuvent attaquer les promeneurs, surtout s'ils ont des oursons.

En arrivant au parc de Banff, nous installons nos tentes dans le premier camping du séjour (où nous avons bien des douches). Il faut s'imaginer des campings avec le strict minimum, pas d'aire de jeux ou autre, mais des emplacements spacieux en pleine nature, comme aux États-Unis. C'est un peu comme faire du camping sauvage, l'ambiance est magique. Chacun dispose de son propre foyer pour faire du feu et sur lequel est posé un grill (on en retrouve sur les aires de pique-nique d'ailleurs). Au Canada, contrairement aux États-Unis, les campings mettent à disposition du bois. Nous apprenons que c'est pour éviter que les visiteurs ne transportent le bois d'une forêt à une autre, risquant alors de propager des maladies. Petite spécificité locale : les campings étaient clôturés par des fils électriques pour se protéger des ours ! C'est très exotique pour nous et en début du séjour, nous avons peur de croiser un ours en traversant le camping. Mais les Canadiens sont détendus et nous relâchons vite la pression pour commencer à en profiter. Ils sont d'ailleurs très accueillants et nos voisins d'emplacement nous invitent à boire un café. Les enfants jouent au foot tous ensemble. Peu importe la langue, les enfants ont bien moins de barrières que nous. Avant de partir, nous avons acheté un tout petit réchaud de randonnée qui fonctionne à l'alcool à brûler (et que nous pouvons emporter dans la soute de l'avion), mais nous comprenons vite qu'il est impossible de cuisiner pour cinq dessus ! Nous faisons donc usage du foyer qui est à disposition. Nous adorons cette ambiance et les Rocheuses canadiennes sont un terrain de jeu idéal.

Avec le décalage horaire, nous nous réveillons tôt le premier matin. Comme nous sommes en forme, nous proposons aux enfants un « safari d'ours ». C'est l'heure idéale pour tenter de les apercevoir. Nous prenons la voiture et dès la sortie du camping, nous rencontrons le premier : il était assis sur

le bas-côté en train de dévorer tranquillement des baies. Les enfants n'en croient pas leurs yeux et nous non plus. Vous imaginez ? Rencontrer un ours, en vrai, en liberté ! Comme nous sommes seuls sur la route du parc, nous éteignons le moteur pour pouvoir l'observer sans le déranger.

Le temps de nous acclimater au décalage horaire, nous continuons tous les matins à prendre la voiture pour aller observer les animaux, d'autres ours et des cerfs. C'est vraiment le bon côté du décalage horaire ! Sur les trois semaines de notre séjour, nous aurons vu pas moins de 14 ours et oursons, ainsi que des wapitis. Ils se déplacent en grands troupeaux sur les vastes étendues des bas-côtés de la route. C'est extraordinaire. Cette proximité avec la nature est magique, et encore plus pour les enfants.

Nous en prenons plein les yeux : le Canada est connu pour ses paysages somptueux, ses lacs d'un bleu inimaginable, ses montagnes majestueuses, ses pics rocheux et ses sapins à perte de vue. C'est la première fois que nous nous approchons de glaciers. Nous faisons de nombreuses randonnées, toujours avec la petite angoisse de tomber face à face avec un ours, mais c'est aussi ce qui rend le Canada si extraordinaire. Tout est grandiose.

Nous sommes rodés désormais : Martin marche désormais et quand Rose en a assez de marcher, nous la prenons en porte-bébé. Et quand elle en a assez du porte-bébé, nous nous arrêtons pour admirer le paysage et la laisser se défouler. Nous sommes souvent tous les cinq ensemble, mais parfois je reste avec les petits et Clément et mon frère vont se promener. Quand on voyage en famille, on peut aussi prendre des temps seuls ou en plus petit groupe. Ce qui compte, c'est que chacun y trouve son compte, puisse prendre des moments pour se ressourcer, faire ce qui lui plaît, qu'il s'agisse d'une visite particulière ou d'un temps de repos ! Comme d'habitude, la clé est de s'écouter les uns les autres, de se parler.

Nous fêtons mes 26 ans là-bas. C'est le 30 juillet, il fait toujours beau à cette période-là ! Mon cadeau d'anniversaire est une balade en kayak sur un lac – un rêve, une activité incontournable du Canada à mes yeux. Nous n'en avons pas encore fait. Les prix étaient totalement hors budget pour nous sur les lacs les plus touristiques. Nous sommes sur la route quand nous apercevons des panneaux indiquant des locations de kayak sur un petit lac. Nous décidons de nous y arrêter, le lieu se révèle charmant. Loin de la carte postale idyllique, nous sommes surpris quelques minutes après le départ par un violent orage, soudain et imprévu ! Nous sommes trempés, le responsable de l'activité a très peur pour nous, mais heureusement nous allons bien.

Après une quinzaine de jours dans les parcs nationaux, nous nous dirigeons vers la côte Ouest. Nous n'avons pas effectué de réservations pour la fin du séjour. Nous allons visiter le parc de l'île de Vancouver, le Pacific Rim, dont les grandes forêts humides nous impressionnent. Il fait froid le matin, un peu comme ce que nous découvrirons en Norvège plusieurs années plus tard, et le feu de camp sur lequel nous cuisinons est bien utile pour nous réchauffer. Mais l'après-midi, en short et en tee-shirt nous profitons de la plage. Nous plantons nos tentes pour plusieurs nuits dans un camping privé au bout de l'île près de Telegraph Cove.

Telegraph Cove est situé tout au nord de l'île ce qui représente un gros détour mais selon mes recherches sur Internet, l'étape vaut le coup. C'est un village pittoresque, composé de quelques maisons seulement et d'un musée sur les orques. Les habitations sont en bois, sur pilotis, sur une mer d'un bleu pur. Elles ressemblent aux cabanons scandinaves que nous découvrirons des années plus tard avec nos quatre enfants. Sauf qu'ici les maisons ne sont pas rouges, mais de toutes les couleurs : vertes, bleues, rouges, orange... Une véritable carte postale.

Lac Moraine

Je me souviens des petits restaurants simples qui proposaient des snacks, du café ; des terrasses ensoleillées où nous nous sommes installés pendant que les enfants jouaient. La quiétude canadienne nous frappe, l'eau est calme, les sapins majestueux, les Canadiens détendus et accueillants. C'est le genre de lieu qui marque, je vous conseille vivement le détour si vous passez par l'île de Vancouver.

Si nous sommes venus jusqu'ici, ce n'est pas par hasard : les orques et les baleines sont nombreuses et proches des côtes. De nombreux touristes vont en kayak pour les observer. Ça nous attire beaucoup mais les enfants sont trop petits. Nous optons donc pour la sortie en bateau. C'est notre seule activité payante pendant ce séjour avec la sortie kayak de mon anniversaire et c'est très coûteux. Nous savons que la nature est imprévisible et qu'il est possible qu'elles ne soient pas au rendez-vous. Mais nous avons de la chance ce jour-là et nous apercevons plusieurs groupes d'orques et une baleine au loin. Une expérience incroyable pour petits et grands.

Le voyage s'achève par une rencontre inattendue. Si nous sommes heureux d'apercevoir des ours quand nous sommes en voiture, nous craignons vraiment de les retrouver en randonnée. Pendant trois semaines, nous avons croisé des panneaux préconisant de ne pas courir en cas de face-à-face, mais rien. Et puis ce jour-là, nous nous dirigeons vers la plage tous les cinq, nous sommes joyeux et insouciants et soudain je vois quelque chose bouger devant nous, à 500 mètres environ. Nous nous arrêtons. L'ours nous voit à son tour, grogne fort. Nous avons eu très, très peur ! Heureusement, l'ours a fait demi-tour et est reparti dans la forêt.

Tout au long du voyage, nous avons été ébahis par le côté grandiose de la nature. Pouvoir l'admirer avec nos enfants est une expérience unique. Jamais je n'oublierai la liberté que nous avons ressentie en explorant les parcs tous ensemble. C'est un rêve pour moi d'y retourner un jour avec la famille au complet. On se rend compte que notre planète est incroyable et que nous devons la protéger.

Notre plaisir de découvrir ces grands espaces nous donne encore plus envie de continuer à explorer le continent américain, et notamment le sud que nous ne connaissons pas.

# À la recherche de liberté : l'argent reviendra, le temps non

## Le déclic

Au retour du Canada, à côté du quotidien au magasin, nous plongeons dans le projet majeur de l'année : notre mariage en septembre. Clément et moi nous marions en petit comité, nous tenons à une cérémonie intime.

Après nos noces, nous ressentons une sorte de passage à vide. En cinq ans, nous avons l'impression d'avoir vécu 15 ans. Cette période de notre vie a été incroyablement intense : nous avons créé une entreprise de toutes pièces, acheté et retapé une maison, eu deux enfants, accueilli deux chiens et un chat, fait plusieurs voyages sur d'autres continents et nous sommes mariés. Les projets nous boostent et quand il n'y en a plus en cours, notre énergie nous déserte. Le magasin fonctionne bien désormais et la routine commence à nous envahir. Nous réfléchissons à l'achat d'une maison plus grande, mais cette idée ne nous fait pas vibrer.

En parallèle, nos voyages en famille continuent de nous enthousiasmer et de nous combler. L'envie d'un périple au long cours se dessine un peu plus à chaque séjour. Au cours de nos voyages, nous croisons des familles avec des enfants dans cette situation. Les voir nous permet de nous projeter, nous nous imaginons à leur place. Pourquoi pas nous ? Je me mets à suivre des blogs de voyageurs, à regarder des reportages de personnes qui partent faire le tour du monde en famille. Clément achète des récits de voyage. Nous commençons à considérer sérieusement cette possibilité. Cela fait longtemps que nous le disons à nos proches : « Un jour, nous partirons faire le tour du monde ! » Nous sommes en train de passer d'un rêve, d'un fantasme à quelque chose de concret.

## Il n'y a pas de moment parfait : ne l'attends pas !

L'envie est là. Pourquoi attendre la retraite pour voyager ? Est-ce que nous serons alors suffisamment en forme ? Nous avons envie d'en profiter maintenant, quand nous sommes jeunes et en bonne santé. Surtout, nous avons besoin de passer du temps en famille, de voir nos enfants grandir.

Nous avons soif de liberté. Pourquoi attendre un moment idéal qui ne viendra sans doute jamais ? Mon papa tombera gravement malade après notre retour. Il est jeune, ce n'est même pas quelque chose que nous avions envisagé. Si c'était arrivé avant notre départ, nous ne serions pas partis. Si c'était arrivé pendant notre voyage, nous serions rentrés. Il n'y a pas de moment parfait. Si vous avez envie et que vous le pouvez, foncez réaliser vos rêves sans attendre ! Nous ne savons pas de quoi demain sera fait. On se met souvent des barrières, de peur de sortir de sa zone de confort. Mais lorsque l'on franchit le pas, on se rend compte que tout est possible. Oser sortir de sa zone de confort, c'est l'agrandir.

Le principe est d'ailleurs le même pour les enfants : il n'y a pas d'âge parfait. Nous avons croisé des jeunes enfants, des collégiens et même des lycéens sur la route. Je suis convaincue que les voyages forgent les personnalités, peu importe l'âge des enfants. D'ailleurs, je n'ai jamais croisé d'enfant déprimé sur la route !

## Choisir notre destination

C'est décidé, nous partons ! Mais où ? L'Europe nous semble trop proche de nous et donc pas assez exotique, l'Asie pas adaptée à un road trip, l'Australie trop chère pour notre budget, l'Afrique nous apparaît comme trop compliquée pour un premier gros voyage en famille. Les grands espaces naturels de l'Amérique du Nord nous ont subjugués, que ce soit aux États-Unis ou au Canada, et nous avons envie de continuer à explorer cette nature époustouflante et ce continent. L'Amérique du Sud coche toutes les cases : exotisme, langue partagée par plusieurs pays, ambiance dépaysante, soleil, nature sauvage, montagnes, faune riche et surtout des populations réputées accueillantes et chaleureuses. C'est aussi la destination parfaite par rapport à nos contraintes, à savoir voyager en véhicule et avec des chiens. Car cette fois-ci, Iris et Iago, nos golden retrievers, vont nous accompagner. Lors des précédents voyages, c'est le papa de Clément qui habite à la campagne et qui adore les animaux, qui les a gardés. Mais vu la durée de l'absence envisagée, nous avons envie de les garder avec nous cette fois-ci, ils font partie de notre famille.

Nous imaginons partir deux ans à la découverte du continent américain, en partant du Sud et en remontant jusqu'au Nord.

## Des renoncements pour réaliser son rêve

Un tel voyage a évidemment un coût. Pour réaliser son rêve, il faut accepter les sacrifices qu'il demande. Pour nous, l'évidence est la suivante : l'argent reviendra, le temps non. C'est maintenant qu'il faut voyager et se donner les moyens de le faire. Nous allons devoir faire un grand saut dans l'inconnu : vendre notre maison, notre magasin, vendre ou donner un maximum d'affaires qui sont dans la maison, sauf quelques meubles auxquels nous tenons et que le papa de Clément accepte gentiment de stocker dans la chambre d'enfant de son fils. Je me dis que si nous avons un autre bébé, nous achèterons à nouveau ce qui est nécessaire, d'occasion au besoin.

Beaucoup nous prennent pour des fous quand nous leur parlons de notre projet : « Pourquoi renoncer à un quotidien confortable et une vie professionnelle réussie ? Pourquoi tout remettre en question ? » Pour nous, cette vie que nous avons construite n'est pas une fin en soi, elle est un moyen pour aller chercher cette liberté qui nous attire, cette bulle d'air dans nos vies à 100 à l'heure. Nous nous disons que nous pourrons retrouver du travail en revenant, que nous saurons nous réinventer, même si ce sera peut-être difficile. Mais nous ne pouvons passer à côté de cet appel que nous ressentons si fort tous les deux.

Thaïlande

# Se préparer à un road trip à l'autre bout du monde

Une fois la décision prise, tout se fait naturellement. Nous plongeons tête la première dans ce nouveau projet et les questions commencent à fourmiller : où voyager, comment, avec quel budget, pour combien de temps, avec quel type de véhicule, quels sont les vaccins recommandés en fonction des destinations (pour nous comme pour les chiens), comment nous y rendre, comment y envoyer notre véhicule, que faut-il emmener, etc. Ce moment génial où l'on commence à rêver, à se projeter, même si l'on est encore à plusieurs mois du départ, c'est le début du voyage.

## La course contre la montre

La vitesse à laquelle le magasin puis la maison trouvent acheteur nous surprend, et cela donne un coup d'accélérateur imprévu à notre projet. En septembre, nous n'aurons plus ni logement ni travail, il faut donc partir avant la rentrée de septembre. Au final, l'organisation du voyage se fait à notre image, « à l'arrache ». Entre deux jeunes enfants, la vente du magasin, la paperasserie qui l'accompagne, la maison à vider, le travail, le voyage à préparer et le véhicule à aménager, les journées sont trop courtes ! Avec le recul, il aurait fallu prendre plus de temps pour approfondir la préparation, cela nous jouera des tours. Nous envisageons trop notre voyage à l'image de nos petits séjours, mais la situation est différente.

Les trois mois précédant notre départ, une jeune fille au pair nous rejoint. Sa présence nous permet de nous concentrer à fond sur ce que nous devons faire mais surtout elle est argentine et elle va pouvoir initier Martin et Rose à l'espagnol. Ils ont cinq et trois ans et nous souhaitons que l'arrivée en Amérique du Sud soit la plus douce pour eux, qu'ils puissent comprendre et s'exprimer un minimum en espagnol pour ne pas se sentir perdus. Cecilia, surnommée Ceci, arrive en juin. Elle a 32 ans, est grande sœur et tatie. Elle est douée avec les enfants et leur propose de nombreuses activités.

Ceci ne parle pas français, Clément et moi ne parlons pas espagnol, mais chacun de nous souhaite apprendre la langue de l'autre. Nous bannissons l'anglais pour communiquer dans un mélange de français et d'espagnol, ce qui nous permet de progresser vite ! Nous nous lions d'amitié, elle nous raconte son pays, son quotidien.

## Le choix du véhicule

Nos expériences de road trips nous ont énormément plu. Le voyage par la route est une évidence et nous nous mettons rapidement à réfléchir à notre véhicule. Nous souhaitons qu'il soit un cocon pour les enfants : nous allons beaucoup voyager, et il représente une forme de stabilité. Nous voulons pouvoir y cuisiner (pour des questions de budget et de liberté), y dormir, y stocker nos affaires, des vêtements au matériel scolaire en passant par les médicaments, le nécessaire à hygiène, etc. C'est aussi un moyen de faire un long voyage sur un budget restreint, en limitant les coûts d'hébergement et de vols intérieurs.

En Amérique du Sud, les routes ne sont pas toutes goudronnées, nous voulons monter en altitude, partir à l'aventure hors des sentiers battus. Nous avons donc besoin d'un véhicule fiable et robuste. Nous commençons nos recherches avec un budget de 20 000 € mais vu les offres disponibles à ce prix-là, nous comprenons que ce ne sera pas suffisant. Nous avons besoin d'avoir confiance dans notre voiture car nous allons passer un à deux ans dedans, au quotidien. Un soir, nous tombons par hasard sur une annonce de Defender avec cellule (une structure de camping tout confort installée dans la benne du 4×4, qui ressemble un peu à un minuscule arrière de camping-car). Après nous être pas mal interrogés, nous l'achetons. Il coûte 39 000 €. C'est un très gros investissement, mais nous savons que, même s'il a perdu de la valeur, nous pourrons le revendre à la fin de notre voyage.

## L'aménagement du véhicule

Je voudrais insister sur l'idée qu'il n'y a pas de véhicule parfait car nous avons tous des envies et des besoins différents, lesquels dépendent aussi fortement des destinations, du climat et de la composition familiale.

Lorsque nous partons avec le Defender la première fois, nous sommes euphoriques. Quel que soit le véhicule que nous aurons plus tard, c'est la sensation la plus intense de toutes, peut-être parce qu'il représente notre grande aventure. Sur la route standard, tout va bien, mais en le testant sur des petites montées non goudronnées, il se met à patiner. C'est la douche froide. Nous n'avons pas anticipé l'effet du poids important de la cellule.

C'est la possibilité d'aller partout qui nous a fait opter pour un 4×4. Mais là, le véhicule avec lequel nous nous retrouvons ne correspond pas à nos besoins, impossible d'aller dans des zones plus sauvages. Nous passons par une phase de déception, d'autant que le budget investi est très important.

Des décisions s'imposent et, un peu comme nous l'avons fait après le premier achat avorté du magasin, nous nous emparons du projet afin qu'il colle à nos envies. Nous retirons la cellule du véhicule et nous la vendons, très facilement car c'est un équipement idéal pour la France ou l'Europe. En parallèle, nous cherchons une alternative pour le couchage. Il existe des cellules plus légères et correspondant à nos besoins mais elles sont hors budget. Nous optons pour une tente de toit familiale à la sud-africaine. Imaginez-vous une tente pliée en deux et fixée sur le toit. On y monte par une échelle attachée à la tente, située à l'arrière de la voiture et on la déplie facilement. À l'intérieur se trouve un grand matelas sur lequel nous dormirons tous ensemble. On y met aussi des oreillers et des duvets prévus pour le froid car ce n'est pas chauffé. S'il pleut, la tente est imperméable, mais petit inconvénient, elle garde forcément de l'humidité si elle est repliée alors qu'il vient de pleuvoir. Il y a aussi une extension de tente que nous pourrons installer si nous restons plusieurs jours au même endroit. Cela commence à nous ressembler, nous sommes remotivés.

Clément commande également un « hard top », une structure qui se pose sur la benne du 4×4, à un artisan ferronnier du village. Il n'a jamais réalisé un chantier sur un 4×4 mais il est enthousiasmé par notre projet.

Le Defender et sa cellule

Avant le vol

Départ (Port Anvers)

La construction est beaucoup plus légère que la cellule, et Clément la personnalise. Tous les soirs, après le travail, il y crée des tiroirs, une cuisine sur le côté avec un petit auvent en cas de pluie (nous cuisinerons et mangerons dehors), des espaces pour les chiens, des prises pour charger le téléphone et l'ordinateur. Il installe un panneau solaire pour gagner en autonomie, deux réservoirs d'eau (un pour l'eau potable et un pour l'eau non potable), une douche pour enlever le sable quand on rentre de la plage, un frigo électrique de 42 litres, etc. Peu à peu, notre maison pour l'année à venir apparaît !

Si vous ne connaissez pas votre véhicule avant de partir pour un grand voyage lointain, je vous encourage vivement à l'essayer d'abord sur un premier séjour, dans des conditions comparables (par exemple même température extérieure, environnement et routes similaires) le plus longtemps possible et par tous les temps. Cela vous permettra de voir si tout vous convient ou si, au quotidien, certaines choses manquent ou vous gênent, s'il faut faire des ajustements parce qu'une fois qu'on est à l'étranger, c'est parfois moins évident de trouver les choses dont on a besoin. Vous vous épargnerez quelques moments difficiles. De notre côté, nous le testons sur des week-ends, ce qui n'est pas suffisant. Nous ne nous connaissons pas assez bien à l'époque, nous sommes alors de jeunes voyageurs enthousiastes et optimistes. Sur le moment, nous nous disons : c'est l'aventure, ça va être génial !

## Voyager avec des chiens : un casse-tête

Nous savons que voyager avec nos animaux ne va pas être de tout repos en raison des formalités, mais nous n'imaginons pas un instant dans quoi nous nous embarquons...

La première complication est de prendre les billets d'avion pour nous rendre sur place. En effet, le nombre de chiens acceptés par vol est limité et l'option n'est pas disponible sur les sites. Il faut donc appeler la compagnie. Nous choisissons un vol direct depuis Barcelone pour éviter une escale ou un transit, qui serait trop long pour eux. Mais coup de théâtre, on nous rappelle un mois avant le départ pour nous dire que le vol n'accepte finalement pas les animaux ! Pire, ils refusent de nous rembourser. Nous n'allons pas partir seuls sans Iris et Iago ! Je finis par avoir gain de cause en les menaçant de faire appel à l'aide juridique de mon assurance. Mais il faut tout revoir en dernière minute.

Jour du départ, Narbonne, septembre 2017

L'autre complication majeure concerne les papiers des chiens. Avant d'arriver en Argentine, il faut passer par un vétérinaire agréé dans les dix jours précédant le vol (vous imaginez que ce n'est pas des plus évidents à anticiper, d'autant plus que les professionnels agréés sont rares), puis les obligations varient selon les pays et sont parfois très compliquées. Pour franchir la frontière entre le Chili et la Bolivie, il a fallu faire revacciner les chiens contre la rage (100 € par animal) alors que les vaccins étaient encore bons, mais dans un délai insuffisant pour la législation locale. Tous les pays ont des législations différentes et mieux vaut consulter les sites des ambassades. Le site antivetvoyage.com est également une mine d'informations.

## Le départ

En août, c'est le grand moment : nous partons avec le 4×4 chargé à bloc (vêtements, ustensiles de cuisine et vaisselle, produits d'hygiène, affaires d'école et même nos vélos), direction Anvers. Notre véhicule part à bord d'un ro-ro (pour roll-on/roll-off ship), un énorme bateau qui fait de nombreuses escales autour du monde avant d'arriver en Argentine un mois plus tard. Plusieurs personnes ont recommandé le *shipping* en Uruguay, considéré comme plus fluide, mais nous voulons éviter une frontière supplémentaire à passer avec nos chiens. Le processus est rapide et fluide, nous nous sentons bien guidés par la compagnie (ça n'aura rien à voir avec le retour folklorique de Colombie). Mais au moment de laisser le véhicule les clés sur le contact sur un parking aux mains d'inconnus (qui le feront ensuite monter sur le bateau), c'est l'angoisse. Toute notre vie est dedans. On croise fort les doigts pour le retrouver dans le même état en Argentine. Avec le véhicule qui entame son périple, notre voyage commence réellement.

Quelques jours plus tard, nous sommes prêts à notre tour. Plus rien ne nous retient. Nous nous sentons soudainement libres. Mais le stress du voyage prend vite le dessus et nous n'avons pas le temps de vraiment réaliser ce qui nous arrive. Nous avons réservé des vols qui nous font atterrir la veille de la date d'arrivée du 4×4 en Argentine. Ce moment où Iris et Iago entrent dans leurs cages est très étrange, nous avons l'habitude qu'ils nous suivent partout librement. Les papiers vétérinaires sont validés, c'est un gros soulagement. Nous pouvons décoller direction Buenos Aires. Les émotions se bousculent : excitation, appréhension, fierté d'avoir sauté le pas...

less COMFORT
One life
live it !
more LIFE
LAND ROVER
DE-119-RT

CARTAGENA
GUADALUPE
GUATAPÉ
COLOMBIE
POPAYÁN
volcan COTOPAXI
LES ÎLES Galápagos
ÉQUATEUR
QUITO
GUYAQUIL
Montañita
TRUJILLO
MACHU PICCHU
BRÉSIL
PÉROU
Cuzco
LIMA
BOLIVIE
HUACACHINA
VILLA TUNARI
LA PAZ
SANTA CRUZ
SUCRE
SALAR D'UYUNI
DE SAN PEDRO Atacama
CHILI
CHUTES D'IGUAZÚ
PAN DE AZÚCAR
VALPARAÍSO
BUENOS AIRES
ARGENTINE
Valdés
CHAITÉN
CHILE CHICO
GLACIER PERITO MORENO
El Calafate
RÍO GALLEGOS
L'AMÉRIQUE du SUD

# Un an en Amérique du Sud : notre quotidien

Nous vivrons finalement un an sur la route, entre l'Argentine et la Colombie, en passant par le Chili, la Bolivie, le Pérou et l'Équateur. En discutant avec d'autres personnes, je me rends compte que certains idéalisent ce type de voyage. Bien sûr, c'est une expérience extraordinaire qui marque pour toujours, mais c'est aussi « la vraie vie », celle où il y a des moments de blues et des épreuves à côté des joies et des découvertes inoubliables. Dans un road trip comme le nôtre, la logistique du quotidien prend beaucoup de place et avant de vous emmener de pays en pays, parlons un peu du quotidien.

## Où dormir ?

Nous dormons dans la tente de toit du véhicule l'immense majorité du temps. En ville, il y a peu de campings mais on en trouve quelquefois. Nous avons pris l'habitude de nous servir d'une application sur laquelle les voyageurs laissent leurs bonnes adresses. On y trouve notamment des particuliers acceptant de louer un bout de cour ou de jardin en ville pour la nuit, où nous pouvons installer le véhicule. Nous avons généralement accès aux sanitaires, à une petite cuisine et à l'électricité. Comme on accède à la tente par l'extérieur, cela ne nous semble pas assez sécurisé de nous installer autrement en zone urbaine. Nous sommes prudents, nous ne voulons pas mettre nos enfants dans une situation délicate où ils pourraient avoir peur, ou prendre des risques inconsidérés dans des zones réputées incertaines. De manière très exceptionnelle, lorsque la météo est désastreuse, nous prenons un hôtel, nous louons une chambre en auberge, un hébergement sur une plateforme type Airbnb ou même dans la maison de particuliers. C'est généralement l'occasion de belles rencontres, pour nous comme pour les enfants.

Si nous sommes en pleine nature, au milieu de nulle part, nous faisons du camping sauvage. Mais nous avons sous-estimé le froid des Andes. Se projeter dans le vent glacial alors qu'on est au chaud à la maison et le vivre sont deux choses bien différentes. Nous n'avons pas de douche chaude, pas de chauffage dans la tente, mais ça ne nous manque pas. Nous faisons chauffer de l'eau que nous mettons dans une bouteille pour faire office de bouillotte (que nous n'avons pas pensé à prendre) et les duvets sont très performants, donc nous n'avons pas froid la nuit. C'est plutôt le soir ou au lever que c'est rude, car nous n'avons pas d'espace de vie intérieur. Sur ce choix, nous avons été trop confiants et aventureux. Clément apprécie ce mode de transport, les enfants n'ont pas de mauvais souvenirs, mais c'est trop rustique pour moi, j'ai manqué de confort.

## Faire les courses et cuisiner

Au début du voyage, nous avons encore nos réflexes de notre vie d'avant, nous ne budgétisons pas nos dépenses et cela nous coûte beaucoup. L'itinéraire commence en plus par l'Argentine et le Chili, deux pays où la vie est plus chère. Au fil du voyage, nous réduisons nos dépenses, pensons nos budgets plus précisément. C'est aussi une manière de revenir à l'essentiel, qui est une des dimensions de notre voyage.

Clément a installé une cuisine sur le côté du 4×4 avec des plaques au gaz et nous avons apporté tout le nécessaire. Toutefois, nous faisons vite face à un souci car, contrairement à ce qu'on nous a affirmé, il est quasi impossible de faire remplir sur place nos bouteilles de gaz françaises. Comme les bouteilles locales sont elles aussi différentes d'un pays à l'autre, le problème est le même (et racheter des bouteilles dans chaque pays est trop onéreux). Finalement, nous aurions dû opter pour le GPL, qui se trouve très aisément à un tarif correct, mais c'était compliqué de faire l'installation une fois sur place. L'autre option aurait été un réchaud au gasoil, mais nous n'en avons pas trouvé là-bas. Nous nous retrouvons donc à économiser le gaz et à cuisiner au feu de bois, dès que nous le pouvons. Nous cuisinons aussi dans les salles communes des campings ou chez les particuliers, lorsqu'ils donnent accès à une cuisine.

Faire les courses sur place n'est pas compliqué. Par exemple, l'Argentine et le Chili ont de grands supermarchés où on trouve de tout. Pour les courses alimentaires, nous adaptons aux pays et à leurs spécialités. Nous privilégions les marchés, les produits non transformés et locaux. Non seulement nous préférons, mais les produits industriels sont souvent importés et donc très chers. Nous mangeons ainsi sainement pendant ce voyage, avec beaucoup de fruits notamment en Colombie. Au Pérou, il y a des avocats partout, nous pouvons même les cueillir. Les produits laitiers sont relativement chers et difficiles à conserver dans notre petit

réfrigérateur, nous en limitons donc la consommation, sauf en Colombie où nous nous régalons de glaces au yaourt vendues un peu partout !
Les habitants vivent dehors, à n'importe quelle heure, nous trouvons des boutiques ouvertes ou des stands dans la rue. C'est assez facile de faire ses courses, sauf bien sûr lorsque nous nous aventurons dans les grandes étendues sauvages. Quand nous rentrerons en France, nous trouverons le quotidien triste et les personnes beaucoup plus renfermées sur elles-mêmes.

La difficulté de la cuisine reste pour moi la météo. Nous cuisinons et nous faisons la vaisselle dehors. Lorsqu'il fait beau et chaud, c'est très agréable. Mais dès que nous abordons les routes d'altitude où il fait froid et humide, où le vent est intense et glacial, cela devient éprouvant.

## Côté hygiène

Nous avons une réserve d'eau pour pouvoir assurer un minimum d'hygiène, nous brosser les dents ou encore faire une toilette sommaire en chauffant de l'eau à la casserole pour les enfants. Nous n'avons pas d'eau chaude et nous prenons une douche lorsque nous sommes au camping, à l'auberge ou chez l'habitant. Mais c'est un peu comme une loterie, on ne sait jamais en avance si les douches vont être chaudes ! Finalement, nous apprenons à vivre avec moins, à consommer moins. Cela ne nous a pas gênés, au contraire, nous portons un autre regard sur notre mode de vie, nous apprécions encore plus consciemment notre confort. Nous croisons aussi des locaux qui utilisent les lacs d'eau douce pour se laver ou faire leur lessive. Je suis marquée, en Bolivie, de voir des voitures lavées en pleine rue avec des produits assez agressifs et dont les résidus partent directement dans la rivière juste à côté.

Pour le linge, nous utilisons les nombreuses *lavanderia* que l'on croise en Amérique du Sud, en général une fois par semaine. C'est beaucoup utilisé par les locaux qui n'ont pas tous des machines à laver. Contrairement au Canada ou aux États-Unis où ce sont des laveries automatiques (il y en a partout, même dans les campings !), ici on confie son linge et on le récupère lavé, séché, plié. La surprise, c'est qu'à certains endroits, le linge est lavé à haute température, et certains de nos vêtements rétrécissent ! Comme nous n'avons pas de machine, nous lavons moins, nous faisons aussi moins tourner le linge. Je me rends vite compte que j'ai emporté trop de vêtements et j'en donne sur place.

Le plus dur côté hygiène est lorsque Martin attrape des poux dans une auberge des Galápagos. C'est un détail mais ça aurait valu le coup d'emporter des produits anti-poux. Comme pour tout, on en trouve facilement sur place, mais ceux que nous avons testés n'étaient pas efficaces et nous avons eu un mal fou à nous débarrasser de ces parasites.

## Côté santé

C'est souvent l'aspect santé qui fait le plus peur : mais comment vais-je faire si mes enfants ou moi tombons malades ? C'est une interrogation tout à fait légitime, il est normal de s'inquiéter lorsqu'on sort de sa zone de confort, qu'on est loin de sa maison, de ses habitudes, de ses repères. Je pense qu'il y a différents niveaux à prendre en compte. Bien sûr, en cas de pathologie spécifique, il faut voir avec l'équipe médicale qui vous suit, et les infrastructures dépendent aussi des pays dans lesquels vous vous rendez. Si c'est quelque chose qui vous angoisse, prenez le temps de vous renseigner.

Dans notre cas, j'ai pris rendez-vous avec notre médecin généraliste avant le voyage pour lui expliquer notre périple. Il nous a prescrit quelques médicaments à emporter en trousse de secours pour les petites urgences ou si nous avons un souci loin de tout. En dehors des périodes en pleine nature, dans les pays que nous avons parcourus, nous trouvons assez facilement des médecins et des hôpitaux. Dans un parc national d'Argentine par exemple, Rose qui a alors trois ans s'est ouvert la tête en tombant. Nous nous sommes rendus à l'hôpital le plus proche, où les soins ont été pris en charge sans assurance voyage (c'est un cas particulier à ce pays). En Colombie, nous avons consulté un généraliste pour une otite. En Équateur, Rose a fait une intoxication alimentaire qui a été prise en charge par l'hôpital. Nous échangeons en espagnol mais les médecins que nous avons rencontrés parlaient bien anglais. Nous avons toujours été bien accueillis, les hôpitaux sont modernes et nous nous sommes sentis en confiance. Nous avons pris conscience des *a priori* non fondés que nous avons parfois avec notre regard d'Européens.

Nous avons aussi souscrit une assurance voyage complète, garantissant le rapatriement en cas de besoin. Ça nous semble indispensable et rassurant : on sait qu'en cas de souci (santé ou autre), on n'est pas seuls.

Équateur 2017

## Assurer notre sécurité

Côté sécurité, nous avons été sensibilisés par Cecilia, notre jeune fille au pair. Nous avons nos enfants avec nous, et la sécurité est primordiale. En dehors des conseils officiels aux voyageurs disponibles sur le site du ministère des Affaires étrangères, nous apprenons par le bouche-à-oreille, en discutant. Nous nous servons beaucoup d'une application de voyageurs qui est aussi une ressource précieuse. Les membres y partagent leur expérience, peuvent indiquer où ils ont dormi, pour quel tarif, signalent les zones dangereuses, leurs recommandations, les postes de police, là où il y a de la corruption (en Bolivie notamment), où acheter une carte SIM ou une assurance auto, où on peut avoir accès à une connexion Internet rapide, où trouver un vétérinaire, quelles sont les règles pour faire entrer les chiens dans un nouveau pays, mais aussi les zones à éviter. Dans ce cas, il faut redoubler de vigilance, éviter ces zones au maximum et ne pas dormir dehors. Finalement, la présence d'Iris et Iago était rassurante : ils montent la garde, protègent la famille et le 4×4 qui est comme leur maison.

Nous avons comme règle de trouver le lieu où nous allons dormir de jour, afin de pouvoir nous assurer de notre environnement. Nous dormons en camping sauvage uniquement en pleine nature, sinon nous optons pour des campings ou des coins de jardin chez l'habitant. Nous ne voulons pas prendre de risques et une mauvaise expérience en début de séjour nous rend encore plus prudents. Nous avons aussi tout à fait conscience de traverser des régions touchées par une grande pauvreté poussant parfois les gens au désespoir. Quand nous avons un doute sur la zone, nous préférons nous fier à notre instinct et nous recherchons un autre lieu.

Pour anticiper un risque de vol ou de perte, nous avons une carte bancaire sur nous, que nous utilisons au quotidien, ainsi que du liquide (impossible de faire autrement dans certains pays), et nous gardons cachés dans le véhicule une autre carte et du liquide. De même pour nos papiers d'identité dont nous avons des photocopies cachées et des copies numériques accessibles dans notre boîte mail. Concernant les frais bancaires, mieux vaut vérifier attentivement avec sa banque le détail par pays, car cela peut varier fortement. Pour ce type de voyage, ça peut valoir le coup de souscrire à une banque en ligne qui n'a pas ou peu de frais pour les paiements et retraits à l'étranger.

## Voyager avec de jeunes enfants

À l'époque de notre voyage, l'instruction est obligatoire à partir de six ans, nous n'avons donc pas de démarche particulière à faire (désormais elle l'est à partir de trois ans). Martin est alors en grande section et je me sens stressée. En faisant ce choix alternatif, je me suis mis la pression, il fallait que j'assure, je surcompensais. Je suis sa maman, je ne suis pas enseignante, et « faire la classe » n'est pas évident pour moi ni pour Martin qui préfère généralement jouer et explorer, ce qui se comprend. Nous avons emporté des livres et des cahiers d'activités correspondant à leurs classes. J'essaie de maintenir une certaine régularité du mieux que je peux. Rose adore les graphismes et les dessins, elle s'y met plus naturellement. Un tel voyage, ce ne sont pas des vacances prolongées. Ce sont aussi des défis et des difficultés comme n'importe quelle famille. Au final, le retour à l'école se passera très bien pour Martin et Rose, leurs enseignants nous diront qu'ils n'ont aucun retard et qu'ils s'intègrent très bien à la vie de la classe. Si je devais refaire un tel voyage avec des enfants plus grands, je pense que je m'appuierai cette fois-ci sur les cours du CNED.

Au-delà de l'école, c'est tout un univers qui s'ouvre à nos enfants voyageurs. Martin, très timide jusqu'alors, prend de plus en plus confiance. Il sort dans la rue avec un ballon et se fait immédiatement trois ou quatre copains avec qui jouer, quelle que soit l'heure. À la fin du séjour, Martin comme Rose sont bilingues ! On sent que les trois mois avec Ceci les ont beaucoup aidés. Les voir s'épanouir au fil des semaines est beau à voir. La tradition d'accueil du voyageur est très présente, d'autant plus avec les enfants. Les locaux surnomment Rose la « muñeca » ; il faut dire qu'avec ses grands yeux bleus et ses bouclettes blondes, elle a tout d'une poupée. Les habitants sont très bienveillants avec les petits et la présence de nos enfants aide à établir un premier contact.

Nous ne cherchons pas à cocher le plus grand nombre de cases, à visiter le maximum de sites. Nous voyageons ensemble, en famille, et nous nous adaptons. Martin et Rose suivent ce que nous leur proposons, ils ont confiance, ils sont à l'écoute. Ils jouent ensemble, se font des amis. Entre nos périodes de visites, le repos s'impose, notamment au bord de la mer. Martin et Rose adorent se baigner, jouer sur la plage, dans l'eau. Nous voyons aussi, dans ces autres cultures, d'autres manières d'éduquer les enfants. En Colombie par exemple, nous constatons que les enfants sont beaucoup plus autonomes que les nôtres, les plus grands s'occupent des plus petits, il y a plus d'entraide et de solidarité, plus de libertés aussi, mais ils n'en abusent pas.

Lago General Carrera

Coyhaique

Désert d'Atacama

## Sur la route

Une fois à l'épreuve des routes et des pistes, le 4×4 se révèle le bon choix. Il permet de traverser des rivières, suivre des sentiers et même traverser un lac de sel. Quelle aventure !

Côté administratif, il faut présenter les papiers du véhicule à chaque frontière, « l'importer temporairement » (c'est ainsi que se nomme la procédure pour pouvoir faire entrer le 4×4 sur le territoire), et renouveler l'assurance du véhicule pour quelques jours ou semaines, ce qui se fait assez facilement en boutique.

Quant aux kilomètres, ils passent plus ou moins bien. Lorsque les paysages sont impressionnants et changeants, lorsque nous partons à l'aventure, la route passe vite. Mais lorsque nous nous retrouvons sur des portions de nationale où il faut enfiler les kilomètres pour aller dans la région suivante, sans point d'intérêt entre les deux, lorsqu'il n'y a qu'une seule route et donc des bouchons interminables ou même quand on se retrouve à traverser des zones de tension, c'est plus difficile. En voyage en sac à dos, on peut sauter ces régions en prenant un avion, mais en road trip, ce n'est évidemment pas une option !

Le but du voyage n'est pas de faire du tourisme à tout prix, mais d'être en famille et de vivre une parenthèse hors du temps. Au début, j'ai un planning de visites mais je me rends compte au fil des mois que ce n'est pas ce que nous sommes venus chercher. Il y a un moment où l'on est frustré de se dire qu'on ne peut pas tout voir, qu'on passe à côté de merveilles. Mais au final, ce n'est pas cela qui fait les meilleurs souvenirs. Naturellement, le glacier Perito Moreno qui avance (Argentine), le Salar d'Uyuni (Bolivie), la vallée sacrée des Incas (Pérou) restent gravés dans nos mémoires mais aujourd'hui, quand je repense à ce voyage, la première image qui remonte et qui m'émeut, ce sont les enfants qui s'amusent sur la plage, heureux et libres, en Équateur.

L'ARGENTINE & le CHILI
15 Calama
14
SAN PEDRO DE Atacama
2
CHUTES D'IGUAZÚ
13
PAN de AZÚCAR
12 Viña del mar
VALPARAÍSO
Rosario 3
1-4
BUENOS AIRES
5 Valdés
11 Coyhaique
10
9 CHILE CHICO
CATHÉDRALE de MARBRE
8
EL CHALTÉN
7
FITZ ROY
GLACIER PERITO MORENO
El Calafate
6
RÍO GALLEGOS

# L'Argentine : le road trip commence

## Premières impressions

Bien arrivés à Buenos Aires ! Au marché, des habitants dansent le tango. Nous sommes immédiatement dépaysés. Mais tout ne se passe pas comme prévu. Avant notre départ, nous recevons des mails nous informant du retard du ro-ro. Ce type de retard est fréquent mais avec les chiens, il était impossible de prendre des billets échangeables. De toute manière, nous n'avons plus de maison ni travail, donc nous prenons le risque de partir en nous disant que nous verrons sur place. Nous avons prévu de quoi tenir quelques jours dans la valise, « au cas où ».

## Direction les chutes d'Iguazú

Notre itinéraire nous emmène au sud du continent, en Patagonie, et il nous faudra nécessairement revenir à Buenos Aires pour récupérer le 4×4. Rester sur place ne nous enchante guère et nous décidons donc de mettre le cap sur le nord du pays avec la voiture de location, direction un incontournable du pays, les chutes d'Iguazú à la frontière avec le Brésil. Il fait très chaud, nous roulons beaucoup (plus de 1 300 km pour l'aller simple), la voiture est petite et pas très confortable pour nous quatre et nos deux chiens. Nous sommes surexcités, c'est un voyage « roots », nous sommes dans notre élément. Comme c'est la basse saison à Iguazú, nous trouvons à louer sur place une maison à un tarif raisonnable. Il y a une piscine et surtout une atmosphère de vacances. Les propriétaires, José et Mariana, vivent juste à côté. Ensemble, nous partagerons des repas conviviaux. Ils sont chaleureux avec les enfants et nous guident dans la région.

Nous visitons le parc national, en pleine zone tropicale. Les chutes sont spectaculaires, considérées comme une des sept merveilles naturelles du monde. Nous décidons de passer au Brésil une journée afin de pouvoir mieux admirer ces chutes immenses qui s'étendent entre les deux pays. Dans la forêt luxuriante, des singes et des coatis s'approchent, un peu trop à mon goût d'ailleurs ! Nous admirons aussi des morphos bleus, des grands papillons. C'est le grand dépaysement que nous sommes venus chercher.

En redescendant vers Buenos Aires, un arrêt s'impose à Rosario afin de rendre visite à Cecilia. Quel plaisir de la revoir ! Sa famille, si généreuse et accueillante, nous propose de rester plusieurs jours. Un soir, le papa de Ceci déplie la carte de la Patagonie en recommandant des visites. Ces rencontres humaines sont le cœur du voyage et aujourd'hui encore, nous sommes en contact avec Ceci.

## Notre 4×4 est enfin là !

La bonne nouvelle arrive : avec un mois de retard, notre véhicule est enfin au port de Zarate. Là encore, notre patience est mise à rude épreuve. L'attente est interminable, les formalités longues, mais enfin il est entre nos mains et en parfait état ! Dès le soir même, nous dormons dans la tente de toit même si elle n'est pas adaptée pour dormir en zone urbaine. Avec le recul, une nuit de plus à l'hôtel n'aurait pas changé grand-chose côté budget, mais sur le moment, nous ne voyons que les dépenses imprévues qui s'accumulent depuis les premiers jours. Quand on voyage ainsi par la route, une panne ou un retard fait perdre à la fois son moyen de transport et sa maison, ça peut être très déstabilisant. Quelle que soit sa manière de voyager, il est impératif de prévoir un budget « Imprévus ».

Chutes d'Iguazú

Fitz Roy

Glacier Perito Moreno

## Une nuit agitée

Le lendemain, la descente vers le sud commence. C'est le printemps dans cet hémisphère et le mois de septembre est la période idéale pour aller observer les baleines et leurs baleineaux au niveau de la péninsule de Valdés. Sur les recommandations d'autres voyageurs qui nous ont assuré que c'était exceptionnel, nous nous approchons des côtes. Les baleines et leurs petits sont si proches, leur taille gigantesque est impressionnante. Nous nous endormons au son des baleines, elles sont visibles depuis la tente dès le réveil... C'est certain, le voyage, c'est l'école de la vie.

Sur une plage de la région, nous sympathisons avec Marc et Marie, un couple de Français voyageant en camping-car avec leurs deux enfants, un garçon et une fille, qui ont les mêmes âges que Martin et Rose. Le courant passe immédiatement. Un soir, le vent souffle fort et nous avons du mal à dormir. Soudain, Iris et Iago aboient férocement. Clément passe la tête par l'ouverture de la tente, une moto s'éloigne. Le lendemain matin, nous constatons qu'une des vitres du 4×4 est brisée. Le vent était tellement violent que nous n'avons rien entendu. Coup de stress immédiat. Passeports, appareil photo, portefeuille, absolument tout est dans notre véhicule. Les chiens ont effrayé les voleurs, et tout y est. Quel soulagement.

Malgré tout, le véhicule se retrouve sans vitre, un samedi, au fin fond de la Patagonie. Grâce à Google Maps, je repère un garage tenu par un particulier, spécialisé Land Rover, c'est la coïncidence rêvée ! Mais il n'y a personne. Nous ne nous décourageons pas et appelons le numéro indiqué : un monsieur sympathique répond que le garage appartient à son père, ce dernier est malade mais il va venir nous aider. Il a de nombreuses pièces Defender qu'il a récupérées et nous propose une vitre d'occasion gratuitement. Nous sommes touchés par sa gentillesse. Avec l'aide de Marco, Clément désassemble la porte et monte la nouvelle vitre. Le matin, nous étions catastrophés. L'après-midi, grâce à la générosité et la solidarité de personnes que nous connaissons à peine, tout est réparé. Encore merci à eux.

Ça ne fait que quelques jours que nous sommes partis et cela nous refroidit. Cela nous apprend à être encore plus attentifs à nos bivouacs : nous étions peut-être trop près d'une ville, trop à découvert et donc pas assez à l'abri. Nous serons plus prudents désormais.

Malgré cet épisode, nous passons des journées inoubliables. Un après-midi sur la plage, Marc et Marie partagent leurs bons plans et nous parlent de leurs visites préférées, notamment le Salar d'Uyuni en Bolivie. C'est tout simplement la plus grande étendue de sel au monde, plus de 10 000 km², une ancienne mer intérieure dont l'eau s'est évaporée. Selon la saison, il est à sec et il est possible de rouler dessus, bivouaquer, etc. Ils nous mettent en garde car la saison des pluies arrive et il devient alors plus difficile d'accès, se remplit et l'eau salée risque d'endommager le véhicule.

## En route pour la Patagonie

Mais d'abord, direction le glacier Perito Moreno du parc national Los Glaciares dans les paysages grandioses de Patagonie. Nous sommes subjugués par le paysage. C'est exactement ce dont nous rêvions en venant ici. Le glacier est accessible grâce à un parcours bien aménagé et il restera un grand moment de cette année de voyage. La glace est d'une blancheur incroyable, pure, l'eau du lac d'un bleu caraïbe. C'est un des rares glaciers qui continue d'avancer, de 2 mètres chaque jour ! De gros blocs se détachent, créant des vagues dans le lac. Nos explorateurs en herbe sont ici dans leur élément, plus encore lorsque nous leur proposons de faire du cheval près d'un autre lac à proximité. Nous montons chacun avec un enfant devant nous, une autre manière de découvrir ces paysages hostiles et merveilleux.

Ce sera le point le plus au sud de notre périple. Nous décidons de ne pas descendre jusqu'à Ushuaïa car cela représente un gros détour. C'est un des grands avantages de voyager par la route : pouvoir réadapter l'itinéraire en fonction de nos envies. Nous préférons remonter vers le nord pour retrouver plus de soleil. Depuis notre arrivée en Patagonie, le vent est glacial, je souffre de l'absence d'espace intérieur pour manger ou faire la vaisselle. Nous louons d'ailleurs des campings avec salle chauffée pour avoir un peu plus de confort.

Ce début de voyage est marqué par une ambivalence : des moments inoubliables, déjà, mais aussi quelques épreuves. Je me rends compte que la préparation du voyage a été trop légère. Je n'ai pas assez pris en compte les saisons, l'altitude et les températures que l'on peut rencontrer. Notre état d'esprit est alors de se laisser porter par la route. Avec le climat du sud et le choix de notre véhicule, nous en percevons les limites.

Avant de passer la frontière avec le Chili, nous faisons halte à El Chaltén, un petit village touristique charmant, entre lacs et montagne, et son parc national. La randonnée du Fitz Roy reste gravée dans nos mémoires. Martin marche fièrement sa première randonnée de 10 km, il nous impressionne ! Notre petit aventurier est très motivé, il prend plaisir à explorer et est émerveillé par tout ce qu'il découvre. Voir nos enfants aussi enthousiastes est gratifiant, nous sommes heureux pour eux, avec eux.

Après deux mois de voyage, Clément et moi sommes de plus en plus à l'aise en espagnol, ce qui nous permet de discuter avec les locaux, qui partagent leurs lieux de prédilection, hors des circuits touristiques. Il n'y a rien de mieux pour découvrir une région !

Fitz Roy

# Le Chili : des paysages variés du bout du monde

## La beauté sauvage de la Patagonie

Nous décidons de sortir des routes bitumées pour emprunter une piste qui mène jusqu'au très grand lac General Carrera. Les couleurs turquoise sont inimaginables, c'est un paysage sauvage de bout du monde, loin de tout. C'est pour pouvoir emprunter des routes telles que la Carretera Austral que nous avons choisi le 4×4. Elle traverse les terres australes jusqu'à la région des volcans. Nous dormons au bord du lac, Martin et Rose pêchent. Ils sont tellement bien au bord de l'eau qu'ils demandent même à y manger en tête-à-tête.

Un jour, une longue queue de véhicules attend le ferry qui se fait désirer. La route s'est effondrée, pas le choix, il faut patienter. Lorsqu'il arrive enfin, la nuit tombe. Depuis notre mésaventure en Argentine, trouver notre bivouac en plein jour est devenu une règle. Dans l'obscurité, il est impossible de repérer l'environnement, de vérifier que la zone est adaptée et suffisamment sécurisée. Au village à l'arrivée, Clément préfère demander à un hôtel s'il est possible de se garer dans la cour, ce qui est accepté. Si la tente de toit est parfaite pour s'installer face à un lac en pleine nature, elle n'est pas adaptée à une nuit dans un village ou une ville. Nous croiserons d'ailleurs un jeune couple en 4×4. Ils ne dorment que très rarement dans leur véhicule, privilégiant des nuits en auberge. Toutefois, c'est une solution qui n'est pas envisageable pour nous côté budget, et ce n'est pas le voyage que nous sommes venus chercher non plus. Ça se confirme : il n'y a pas de véhicule parfait. Peut-être un vieux camping-car (vieux pour ne pas avoir peur de l'abîmer) aurait mieux convenu au quotidien. En même temps, c'est grâce au 4×4 que nous avons pu suivre des pistes inaccessibles autrement.

C'est lorsqu'on est dedans que l'on se rend compte à quel point la Cordillère des Andes est longue... Selon la météo, nous faisons des randonnées. Sauf cas particulier (par exemple une interdiction dans un parc national), Iris et Iago nous accompagnent. Au Chili, il y a moins de clôtures qu'en Argentine où il y a beaucoup de bétail. Il est donc plus facile d'installer un bivouac sauvage. Mais la météo est humide, le feu de camp réchauffe nos soirées.

## Valparaíso, une ville colorée sur l'océan

Toujours avec cette envie de voir le Salar d'Uyuni sec, nous décidons d'accélérer un peu la remontée jusqu'à Valparaíso, une très belle ville exotique pleine de couleurs. Elle nous fait penser à un petit San Francisco du Sud. Nous logeons à l'hôtel car il est impossible de dormir sous la tente en pleine ville. Ce *city trip a* un parfum de vacances. Nous explorons la ville tous ensemble, mangeons des empanadas au marché, des glaces aussi, nous empruntons le funiculaire et Iris et Iago ont le vertige ! Quel plaisir aussi de retrouver des fruits et légumes frais et accessibles après la traversée de la Patagonie. Les courses y étaient très chères car la zone est difficilement accessible pour les camions de transport.

Noël approche doucement. Nous serons normalement en Bolivie pour les fêtes mais nous ne savons pas s'il sera possible d'y faire nos achats de Noël. Pour être sûrs d'avoir des cadeaux, nous profitons des grands centres commerciaux chiliens, assez semblables aux nôtres. Ce n'est pas facile d'être discrets en étant quasi en permanence tous les quatre ensemble ! Nous choisissons des figurines de Vaiana, la légende du bout du monde de Disney pour Martin et Rose, un film que nous regardons ensemble au chaud sous la couette en Patagonie. Ça restera pour toujours le film associé à cette année de voyage.

Valparaíso

Nous restons dans cette région une semaine de plus, à Viña del Mar, à profiter de la mer, de la chaleur et à planifier la suite du voyage. Les Andes nous attendent, avec des sommets jusqu'à 4000-5000 mètres, et il faut préparer le passage de la frontière avec la Bolivie. Et c'est reparti pour 900 km jusqu'au Pan de Azúcar. C'est une région réellement désertique. Pendant trois ou quatre jours, nous ne croisons personne. C'est une sensation précieuse. Les journées se partagent entre l'école les pieds dans le sable et des balades en famille. Les enfants escaladent, nous nous reposons et nous ressourçons. Juste nous quatre et la nature, on n'a besoin de rien de plus.

## Les Andes : des paysages rudes et sublimes

La grande prochaine étape est le fameux lac de sel, en Bolivie. Pour y arriver, nous repérons une route qui traverse l'Altiplano bolivien, une immense plaine d'altitude. Il faut faire le plein de carburant, d'eau et de courses avant de s'y lancer.

Les montagnes se rapprochent et la piste poussiéreuse nous conduit au désert d'Atacama. Ce sont des dunes au milieu du désert, à environ 2 000 mètres d'altitude. De nombreux observatoires sont installés dans la région. Il suffit de lever la tête à la nuit tombée pour comprendre pourquoi. Il n'y a pas de ville donc pas de pollution lumineuse et le ciel est incroyable. Pouvoir dormir là dans le sable au milieu de nulle part sous les étoiles est extraordinaire. Le jour, le temps est splendide et chaud, mais les températures se rafraîchissent à la nuit tombée. Nous reprenons la route, visitons le parc national, les dunes, des grottes. Les premières lagunes sont là : les flamants roses, la terre rouge, le ciel bleu, le blanc du sel. C'est une ambiance étrange : la nature est belle, sauvage, préservée, et en même temps le parc n'a pas d'entrée, et de grosses machines agricoles travaillent à côté. C'est la première fois que nous voyons ces paysages lunaires. Personne n'habite là, c'est désertique. Il n'y a que de très petites villes touristiques et des tracteurs. Nous adorons cette partie du voyage, l'harmonie est parfaite...

Nous continuons la route direction la Bolivie, avec un arrêt à Calama chez un vétérinaire pour préparer le passage de la frontière. Ça devrait être une simple formalité mais il nous explique que les papiers des chiens ne conviennent pas, que la date de validité du vaccin contre la rage ne va pas (même si Iris et Iago ont eu leur rappel avant le départ). Il nous conseille de passer la frontière malgré tout, selon lui, personne ne vérifiera. Mais nous n'osons pas et nous préférons attendre les bons certificats. Cela prendra presque une semaine, cinq jours interminables à attendre dans une zone sans intérêt pour nous. Il nous faudra d'ailleurs prendre un hôtel car nous ne trouvons pas d'autre option pour camper. Heureusement il y a une piscine et cela occupe Martin et Rose. Nous jouons avec eux, faisons un peu d'école, lisons… Ce contretemps nous coûte du temps, de l'argent et aussi de l'énergie. Le passage des frontières avec les chiens est une charge mentale lourde, nous avons hâte de poursuivre.

Valparaíso

# La BOLIVIE

PÉROU
LAC TITICACA
11
Puno
10
La Paz
6
VILLA TUNARI
EN PANNE !
5
totora
7
8
Santa Cruz
9
ESPEJOS
SAMAIPATA
4
SUCRE
3
POTOSÍ
Pour Noël
2
UYUNI
SALAR D'UYUNI
Sol de Mañana
1
SUD LÍPEZ
CHILI
ARGENTINE

# La Bolivie : des montagnes russes émotionnelles

Pour aller du désert d'Atacama au Salar de Uyuni (3 658 mètres), il faut traverser une plaine d'altitude, l'Altiplano bolivien. Située à 4 000 mètres d'altitude environ, c'est la région habitée la plus haute du monde après le Tibet, à cheval entre l'Argentine, le Chili, la Bolivie et le Pérou, au cœur de la Cordillère des Andes. Nous y entrons au mois de décembre. Ce que nous ne savons pas encore, c'est que la plus grosse épreuve de notre voyage nous attend.

## Face à la puissance de la nature

Le poste-frontière entre le Chili et la Bolivie ressemble à une cabane au milieu de nulle part. Comme le vétérinaire me l'a prédit, la personne qui s'occupe du poste ne veut pas entendre parler des papiers des chiens : je ne m'occupe pas des chiens moi, c'est en ville que vous pouvez voir les vétérinaires officiels. Voilà. Tout ça pour rien... Nous aurions dû écouter le vétérinaire, nous sommes confrontés à la différence entre théorie et pratique.

Voilà l'Altiplano et ses paysages complètement désertiques, austères, imposants. Ici, la nature est bien plus forte que nous, nous nous sentons insignifiants. Il n'y a pas un arbre, nous ne voyons pas d'animaux, tout est sec, plat. La zone est inhabitée à l'exception de quelques rares villages. Nous avons l'impression d'être sur une autre planète. Avec l'altitude, les températures chutent. Le vent, surtout, est intense : glacé, puissant, pire que ce que nous avons connu en Patagonie.

Malgré le côté inhabité et désertique, nous ne sommes pas inquiets. La route est fréquentée régulièrement par des 4×4 d'expédition qui viennent avec des touristes. S'il y a un souci, nous pourrons demander de l'aide.

La route vers le Salar est éprouvante. Le premier soir, Clément monte sur le toit pour déplier la tente, mais le vent est d'une force inimaginable. Il va falloir la sangler pour qu'elle ne s'envole pas. Deux jeunes Français passent à ce moment-là, ils vont dormir dans une auberge non loin de là.

Nous décidons de les accompagner. « Papa, il y a un gringo à la porte ! », annonce le fils du propriétaire à notre arrivée. C'est une grande auberge extrêmement rustique. Je me souviens encore des spaghettis bolognaise du dîner et de l'ambiance conviviale de la soirée (nous découvrons que les Français viennent de la même région que nous en France, eux voyagent du nord du continent vers le sud). Nous dormons dans l'auberge donc le vent et le froid ne sont pas un problème, mais ils sont remplacés par le mal des montagnes et les maux de tête qu'il provoque. Nous avons bien suivi les paliers et les pauses recommandés, mais nous n'y échappons pas. Clément est particulièrement touché. Nous nous sentons diminués, les choses les plus simples deviennent difficiles. Heureusement, les enfants ne se plaignent d'aucun symptôme.

Le lendemain, c'est reparti vers le Sol de Mañana, une zone située à 4 800 mètres d'altitude et couverte de geysers. Nous avons l'impression d'être sur la Lune. C'est difficile physiquement, mais magnifique. Le vent a faibli et nous pouvons sortir et marcher. Le mal des montagnes continue à nous peser et nous redescendons un peu en altitude, installant le bivouac dans un champ. Au réveil, des dizaines d'alpagas curieux entourent le 4×4. Ils sont tout beaux avec leurs bijoux de laine colorée et pas du tout craintifs !

## Le choc de la pauvreté

Nous mangeons dans une petite cantine où tout le monde est en habit traditionnel. Et ce n'est pas un lieu touristique, c'est réellement leur tradition dans cette région. Aller ainsi à la rencontre d'une autre culture est passionnant et enrichissant.

En Bolivie, nous sommes confrontés à la très grande pauvreté. C'est la première fois que j'y fais face, et entre avoir conscience de quelque chose et le voir directement, il y a un monde. C'est une claque. Nous saisissons encore plus notre chance, les privilèges de nos enfants. Dès que nous le pouvons, nous essayons de participer à l'économie locale : des petits restaurants, des marchés, des artisans. Nous complétons nos cadeaux de Noël achetant des portefeuilles, des pulls en alpaga. La pauvreté existe en Argentine et au Chili, mais elle est nettement moins visible. Au Chili, nous avons été marqués par les différences de culture, certes, mais le mode de vie est assez proche du nôtre, à l'occidentale. Ça n'a rien à voir avec ce que nous rencontrons en Bolivie. C'est un électrochoc.

## Le Salar d'Uyuni : un de mes moments préférés

À dix jours près, notre rêve se réalise : le Salar est devant nous et il est encore sec. Cette vision est inoubliable. Une étendue blanche à perte de vue sur laquelle nous pouvons avancer. Pour vivre l'expérience complète, nous passons la nuit dans un hôtel en sel installé sur ses bords, avec vue panoramique. Le Salar est aussi parsemé de petites îles couvertes de cactus et de viscaches, un rongeur local qui ressemble à un lapin avec une queue d'écureuil. Nous nous demandons d'ailleurs avec quoi ils se nourrissent, tellement le lieu nous semble aride. Une île à l'abri du vent nous sert de bivouac pour passer la nuit suivante.

Pour le coup, le véhicule est parfait pour cette région. Nous restons deux-trois jours à profiter de la vue et à randonner sur les petites îles. Le lieu est à la hauteur de nos grandes attentes. Toute cette région, avec l'Altiplano bolivien et le désert d'Atacama, est un des moments les plus forts de notre voyage.

Salar d'Uyuni

Toutefois, l'absence de protection environnementale du site nous surprend. Sur place, nous n'avons vu aucune réglementation, des 4×4 boliviens y amènent des touristes tout au long de la saison. Le sol a d'ailleurs une couleur grisâtre, liée probablement à la pollution des véhicules. On se rend compte de notre folie humaine. Nous aussi nous le traversons, et avec le recul, était-ce la bonne chose à faire... Mais pourquoi n'est-ce pas plus protégé ? Nous comprenons que le pays dépend du tourisme. Des événements comme le Dakar qui parcourt la région amènent de l'argent, mais on a l'impression que c'est aussi au détriment de la protection de la nature. La course automobile a d'ailleurs traversé le Salar d'Uyuni plusieurs fois. Nous aurions aimé payer un droit d'entrée ou de circulation pour participer à la préservation du site.

## Un pays complètement dépaysant

Nous adorons les habitants chaleureux, les paysages, manger dehors (ce que nous ne pouvons pas nous permettre en Argentine et au Chili, mais qui est tout à fait dans notre budget ici, alors nous en profitons à fond !). La cuisine sud-américaine consiste souvent en des plats riz-poulet ou riz-poisson. On trouve aussi beaucoup de soupes en Bolivie, et nous avons même goûté aux burgers de lama. En revanche, les croquettes pour chiens sont hors de prix, c'est un véritable luxe. Iris et Iago sont devenus de vrais chiens de rue. Même si nous faisons attention et que nous les nourrissons à leur faim, ils vont chercher les restes de nourriture et font les poubelles qui sont en pleine rue. C'est une mauvaise habitude, nous avons l'impression que c'est devenu leur obsession et nous avons peur qu'ils tombent malades.

Noël approche, nous profitons des grands marchés, de la douceur de vie des petites villes. Nous adorons être dehors, ça nous change des jours glacés des Andes.

## Un Noël de voyageurs

Notre visite de la Bolivie a commencé par une zone très touristique et nous passons Noël à Sucre (prononcez « Soucré »), la capitale constitutionnelle. Mon premier Noël en été ! Complètement improvisé. Comme il est impossible de dormir dehors en ville, nous louons une chambre avec une petite salle de bains. Nous croisons d'autres voyageurs français qui nous proposent de cuisiner tous ensemble. Nous avions pensé fêter Noël tous les quatre, mais c'est une invitation que nous ne pouvons pas refuser ! C'est la première fois que nous partageons le repas de Noël avec des inconnus, mais je l'ai déjà dit, en voyage, ce sont les rencontres qui marquent, et celles-ci ne font pas exception. Nous sommes tous des voyageurs, d'âges différents, dans un voyage différent. Il y a là des personnes âgées dans un 4×4 avec une cellule, un couple dans un combi (que nous retrouverons en Colombie où ils achètent une plantation de café), un autre en sac à dos. C'est un moment joyeux et simple comme nous les aimons. Nous mangeons une paella cuisinée par Gégé, Martin et Rose ouvrent leurs cadeaux. Nous passons plusieurs jours dans cette petite ville charmante où nous visitons plusieurs musées et flânons sur les marchés.

Il est temps de reprendre la route en direction de la jungle. Nous partons de Villa Tunari en direction de Santa Cruz de la Sierra, une grosse ville qui se situe en forêt et entourée de parcs nationaux. Sur l'application iOverlander qui nous sert de référence, des policiers corrompus sont signalés sur la route principale. En général, ils arrêtent tout le monde, et cherchent à soutirer de l'argent pour des motifs fallacieux. Nous préférons éviter et nous repérons une petite route dans la jungle sans chercher davantage. C'est l'aventure ! La zone semble touristique, avec en point de mire des cascades.

## Coincés en pleine jungle

Tout commence idéalement. Nous sommes le 1er janvier 2018, nous sommes en tee-shirt, il fait bon, il n'y a pas de vent, les oiseaux chantent, l'atmosphère est tropicale. Nous sommes contents de traverser des rivières, notre 4×4 est fait pour ça. Le temps se couvre, quelques gouttes de pluie mais rien d'alarmant et nous arrivons aux cascades en soirée. Il y a là un petit camping et une aire de pique-nique. Nous sommes dimanche soir, les locaux de Santa Cruz venus fêter le Nouvel An sont en train de rentrer. C'est un site authentique, loin du tourisme international. Le cadre est idyllique, nous sommes seuls, je me souviens de papillons qui virevoltent. Après une longue journée sur des pistes en terre, Martin et Rose sont ravis de se baigner dans les cascades.

Dans la nuit toutefois, la pluie se renforce et nous réveille. Clément me partage ses inquiétudes : avec les précipitations de plus en plus violentes et sans interruption depuis plusieurs heures, il craint que l'itinéraire ne soit rendu impraticable (nous avons traversé plusieurs rivières). Le 4×4 est bien garé donc nous n'avons pas peur d'être emportés par les pluies. Comme c'est la pleine nuit et que le réseau est inexistant, nous ne pouvons rien

faire et nous nous rendormons. Le lendemain matin, la pluie est extrême et continue, elle marque en réalité le début de la saison des pluies. Les habitants qui habitent à proximité nous apprennent que la route s'est effondrée pendant la nuit, elle est fermée.

Nous commençons à nous inquiéter sérieusement : nous sommes coincés dans notre 4×4, nous n'avons pas rechargé notre stock de nourriture, nous ne pouvons pas prévenir nos familles sans réseau. Heureusement, nous rencontrons des personnes incroyablement solidaires. Nous nous sentons entourés et soutenus. Une famille de Chiliens venue en bus et qui dormait en tente partage elle aussi nos difficultés.

Nous restons là trois jours et deux nuits. Enfin, la pluie s'arrête et la route est réouverte. Pour nous, cela veut dire qu'il n'y a plus de danger. Nous repartons donc assez confiants, la famille chilienne avec nous puisque les bus ne circulent toujours pas. Grâce au treuil, Clément s'accroche aux arbres pour pouvoir avancer et éviter de glisser dans la boue. La route est difficile mais nous avançons. Soudain, il n'y a plus de route, mais un pont effondré devant nous. Clément tente de passer par le côté, sur une sorte de talus, mais il y a un problème. Il me dit : « Je ne comprends pas, le véhicule n'a plus de puissance, je ne sais pas ce qui se passe. » Nous sommes coincés. À la force du treuil et avec l'aide des personnes sur place, nous mettons plus d'une heure à remonter du talus. Les Chiliens continuent le chemin à pied. De notre côté, c'est impossible, notre véhicule est notre maison, nous ne pouvons pas l'abandonner. C'est la panique : nous ne savons pas ce qui est cassé, nous ne savons même pas comment nous allons pouvoir faire réparer. Nous sommes perdus dans la jungle, bloqués sur une route à moitié effondrée. Nos téléphones ne fonctionnent pas, les locaux nous préviennent qu'il va repleuvoir. Nous nous sentons terriblement seuls et désespérés. Pourquoi sommes-nous venus là ? Nous serions tellement mieux à la maison, là, maintenant…

Il est 16 heures, Clément prend son vélo pour aller trouver de l'aide en ville. La nuit tombe vers 18 heures. Je suis impuissante et j'angoisse terriblement en l'attendant. Je sais que l'eau est encore haute à certains endroits de la route, j'ai peur pour mon mari. Les enfants me demandent comment va papa. Je ne sais pas, je suis pleine d'anxiété. Nous n'avons plus de gaz dans la cuisinière pour préparer le repas. Heureusement, nous sommes proches d'une habitation et je vais demander de l'aide. Quelle belle rencontre que cette femme qui nous ouvre sa porte ! Sur le moment, je crois que je suis trop angoissée pour l'apprécier réellement, mais je suis emplie de gratitude envers elle. Elle nous propose de cuisiner avec elle au feu de bois. Enfin, après une attente qui me paraît interminable, Clément revient. Quel soulagement immense. Il ramène des petites choses pour les enfants, il a pu rassurer nos familles. Nous dînons tous ensemble. Les insectes nous piquent sans relâche, mais cela semble bien insignifiant au regard de tout ce qui nous arrive.

Il m'explique qu'il a trouvé quelqu'un avec un tracteur, mais que le conducteur considère que la rivière est encore trop haute, que c'est dangereux. Les inondations qui viennent de se produire sont parmi les plus imposantes qu'ils ont connues depuis des années. Une autre personne pourrait peut-être les aider mais elle n'était pas là, il faut revenir le lendemain. Nous nous couchons avec l'angoisse que la pluie revienne, avec la peur de devoir abandonner le véhicule. Certes, personne n'est en danger, mais cette sensation d'impuissance et d'attente est très pesante.

Tôt le lendemain, Clément repart. Sur place, il insiste : il y a ma femme et mes deux jeunes enfants. Après de longues hésitations, son interlocuteur accepte finalement de l'aider. Il vient avec des amis et un tracteur aussi gros qu'un bulldozer. Mais rien n'est simple et le tracteur se coince en franchissant la première grosse rivière. Clément me raconte le moment de désespérance. Il a peur qu'on lui refuse au dernier moment la mission de sauvetage, que ce soit trop risqué alors qu'ils sont si près du but... Mais nos sauveteurs dégagent le tracteur et persévèrent. Les habitants sont heureux de voir le bulldozer refaire la route. Quel soulagement de les voir arriver jusqu'à nous. Le véhicule tracte le nôtre et lorsque le Defender sort de la dernière rivière, un sentiment nous traverse, une sorte d'instinct de survie puissant qui crie « on est sortis d'affaire ». Peu importe ce qui pourrait nous arriver tout de suite, tout le monde va bien.

Nous avons vécu là un moment intense, fait de peur immense, mais aussi d'un élan de solidarité incroyable qui nous a guidés à travers cette épreuve. C'est cette entraide, cette générosité dont nous avons fait l'objet qui fait que cette expérience reste aujourd'hui un beau souvenir.

Sur la route toutefois, nous n'allons pas très loin car le véhicule ne dépasse plus les 10 km/h. Nous devons savoir ce qu'il a et le faire réparer. Nous nous arrêtons dans un grand restaurant en extérieur tenu par un Allemand, Sergio, dans la banlieue de Santa Cruz.

Cette expérience nous vide complètement notre énergie. Je comprends aujourd'hui que c'est le contrecoup du choc émotionnel que nous avons traversé, mais je ne m'attendais pas à une telle fatigue pendant un voyage comme ça. Je n'avais pas imaginé que cela pouvait être aussi éprouvant. En dehors de cet événement exceptionnel, il y a beaucoup de logistique à gérer. Il faut penser aux plans, aux itinéraires. Nous nous retrouvons à cuisiner sur des feux de camp car nous n'arrivons pas à recharger nos bouteilles de gaz françaises. Bien sûr, nous nous régalons. Nous avons conscience que c'est un luxe de pouvoir prendre un an comme ça avec nos enfants. Mais attention à ne pas idéaliser. Ce n'est pas un rêve enchanté, c'est la vraie vie avec ses joies et ses moments plus difficiles. L'aventure dans la jungle nous a rappelés à l'ordre.

## Une parenthèse bienvenue

Nous restons trois semaines chez Sergio qui nous accueille avec bienveillance. Des enfants viennent souvent manger au restaurant, ce sont des copains de jeu naturels pour les nôtres. Ils sont ravis, profitent de l'immense jardin à la végétation luxuriante, jouent avec leurs sept chiens, profitent du grand trampoline, découvrent les fruits et légumes locaux dans le potager. Le beau-frère bolivien du propriétaire, Rubi, nous fait aussi découvrir la ville. Sans cette panne, nous ne serions jamais arrêtés là. Je vous le disais, les pires galères font les meilleurs souvenirs. Nous avons pu nous ressourcer lors de cette parenthèse imprévue et rencontrer des gens fabuleux.

Clément commence à démonter le 4×4 à la recherche de la panne. Grâce à des contacts garagistes en France, il identifie rapidement le problème. Une pièce est cassée en deux, probablement brisée net sous la force de la montée. La bonne nouvelle, c'est que c'est une pièce simple. Chez le concessionnaire Land Rover, on nous soumet un devis exorbitant avec un délai de plusieurs semaines. En tant que visiteurs, nous commençons à nous faire du souci pour notre visa. Cela fait déjà un mois que nous sommes là, l'idée d'attendre un mois de plus ne nous enthousiasme guère. Cette pièce est vendue dix fois moins cher sur un site français et nous décidons de lancer une bouteille à la mer à notre communauté sur Facebook. Depuis le début du voyage, nous partageons nos aventures sur les réseaux sociaux. C'est en voyant d'autres personnes en faire autant que j'ai eu le déclic, et j'ai envie de participer à cette mine d'informations et d'inspiration que représente Internet. C'est aussi une manière pour nos proches de voyager avec nous. Dès le lendemain, nous avons déjà une réponse ! Des personnes doivent venir en Bolivie dans les prochains jours, ils nous proposent de nous l'apporter. Nous faisons envoyer la pièce chez eux et ils la prennent dans leur valise. Quelle gentillesse, encore une fois, nous sommes émus par ce sens de la solidarité.

Clément peut faire la réparation. Les cœurs sont lourds, les au revoir difficiles. Nous partons en direction des vestiges incas de Samaipata, avant de passer la frontière entre la Bolivie et le Pérou au niveau du lac Titicaca, un des plus grands lacs d'altitude au monde. Dans le camping où nous nous garons pour la nuit, il y a des tipis et de grandes statues incas. Les enfants apprécient cet environnement. Il n'y a pas de route et nous prenons un bac pour traverser le lac. Il ressemble à un bateau en bois sur lequel sont montés plusieurs voitures et même un camping-car. Nous ne sommes pas très rassurés mais nous apprécions cette sensation d'aventure !

Jungle bolivienne

Lac Titicaca

Sud Lípez

Le
PÉROU
COLOMBIE
ÉQUATEUR
BRÉSIL
8
Cuenca
9
ZORRITOS
Pisco Sour
CEVICHE PÉRUVIEN
7
TRUJILLO
LIMA
DÉPART en TRAIN
MACHU PICCHU
La Vallée Sacrée
HIDROELECTRICA
OLLANTAYTAMBO
6
Cuzco
HUACACHINA
3-4-5
2
BOLIVIE
Puno
LAC TITICACA
1
La Paz

# Le Pérou, des sensations fortes entre mer et montagne

Ça y est, la frontière est passée. C'est la pleine saison des pluies et nous sommes frappés par les inondations dans les premières villes que nous traversons. Elles forcent les habitants à circuler comme ils peuvent, parfois en scooter à travers l'eau. Quelques jours plus tard, nous rencontrerons le Pérou tel que nous l'imaginions.

## L'impressionnant lac Titicaca

Le lac Titicaca est situé à 3 800 mètres d'altitude. Dans les montagnes, le vent est à nouveau glacial, le froid mordant, il fait gris et humide. Le 4×4 est garé dans la cour d'un hôtel qui fait office de terrain de camping, non loin du lac. Clément commence à cuisiner sous le store pendant que les enfants regardent un film dans la tente. Soudain, le tonnerre nous surprend : un orage violent déferle, nous sommes trempés. Vite, nous replions le store et nous dirigeons vers l'hôtel, espérant pouvoir nous y réfugier avec les enfants. Une dame peu accueillante nous répond que non, la réception est réservée aux clients de l'hôtel, les campeurs n'y ont pas accès. La cour est vide, nous ne croisons pas le moindre touriste. Je suis en colère, nous avons payé pour pouvoir camper là, et le fait qu'elle nous refuse un abri alors que le temps est épouvantable me révolte. Nous nous installons sur le matelas de la tente pour dîner et je me promets que demain, nous irons dans un vrai hôtel avec un bain chaud.

Le lendemain, nous trouvons ce qui nous semble sur le coup un paradis ! Un hôtel proposant des chambres avec deux grands lits, une baignoire, un restaurant, des alpagas dans le jardin et une vue sur le lac. Le temps qui s'est levé est idéal pour faire une excursion sur le lac depuis le port de Puno. Nous découvrons les îles flottantes en roseaux et les maisons traditionnelles. Les enfants sont ravis. C'est une jolie expérience, certes à destination des touristes, mais qui vaut le coup. Ça me redonne un coup d'énergie et de motivation, les mésaventures de la veille sont déjà oubliées.

En voyage, comme dans la vie, la famille ou le couple, il y a des cycles, des phases. Des moments où l'on est au plus bas, des moments où l'on est heureux, presque euphoriques. Avec la fatigue et l'excitation, on vit tout beaucoup plus fort et trouver des solutions loin de nos repères peut paraître moins facile. Un voyage aussi long n'est pas exempt de tensions, d'autant que nous vivons H24 ensemble. Je ne pense pas à prendre du temps pour moi. Lors du voyage vers le cap Nord, j'irai courir seule et je me rendrai compte à quel point cela me ressource. Ce n'est pas parce qu'on fait un voyage extraordinaire qu'on n'a pas le droit de sentir des coups de fatigue. Oui, on a le droit de ne pas être tout le temps à fond, on a le droit d'avoir des envies et des besoins différents. À l'époque, je vis comme un impératif d'être au top car on vit quelque chose d'extraordinaire. Mais cette émotion vient nous dire quelque chose, c'est important de l'écouter, de changer de rythme, de se poser au besoin. C'est aussi une leçon de ce voyage au long cours.

Je ressens un coup de boost à l'idée de visiter le Pérou. C'est un pays qui m'attire beaucoup : les couleurs, la culture, les habitants. Nous avons hâte de découvrir tout cela, et notamment le célèbre Machu Picchu.

1er surf de Martin

Salines de Maras

Cuzco

## Cuzco, un coup de cœur inattendu

La vallée sacrée des Incas commence par cette ville, mais nous n'en avons pas entendu parler avant, donc toutes nos attentes se concentrent sur le Machu Picchu. Nous découvrons une ville magnifique. Capitale de l'Empire inca, elle est chargée d'histoire, à 3 400 mètres d'altitude. Sur la grand-place, deux églises à l'architecture d'influence espagnole se font face. Partout dans la ville on découvre des murs incas, faits de pierres ajustées les unes aux autres sans aucun ciment. C'est incroyable. J'aime aussi la sérénité que dégagent les petites rues. Nous restons finalement une semaine. Le camping pour véhicules dans lequel nous sommes installés donne accès à une cuisine et des douches presque chaudes. Nous avons l'impression de vivre la vie de là-bas. Nous nous promenons. Nous nous installons dans des cafés, nous allons faire nos courses, nous faisons le marché, nous profitons des richesses culturelles. Nous nous sentons de plus en plus à l'aise en espagnol, ce qui rend les échanges fluides. Martin se fait cracher dessus par un lama (véridique ! Les lamas sont nombreux en ville et aux alentours).

Nous allons aussi visiter les vestiges incas des alentours et nous tombons définitivement amoureux de la région. Nous découvrons ainsi Sacsayhuamam, un autre jour le site de Moray, qui ressemble à un amphithéâtre constitué de terrasses agricoles de l'époque inca. Les immenses salines de Maras, situées entre deux falaises, nous impressionnent. Nous dormons dans de chouettes spots. Nous adorons ce parcours à travers la vallée sacrée. On cueille des avocats directement sur les arbres, on croise des perroquets, on profite. On se sent en vacances. Ma tante me met en contact avec un de ses amis qui habite la région et qui possède des chevaux. Il nous invite à déjeuner en famille. Les enfants sont aux anges de pouvoir monter à cheval à nouveau.

## Le Machu Picchu, un lieu mythique

Cette visite représente un budget énorme à part dans notre voyage, mais le site est unique, et nous sommes heureux d'y aller. Pour y monter, soit on prend le train tout en bas de la vallée, mais les tarifs sont exorbitants et ils n'acceptent pas les chiens (donc la question ne se pose pas pour nous), soit on va jusqu'à Hidroelectrica. Ensuite, il n'y a simplement plus de route. Je prends le train avec les enfants pour la dernière portion, tandis que Clément marche avec les chiens. Il n'est pas le seul, d'autres backpackers l'accompagnent afin de réduire leur budget. Clément trouve

le trajet stressant car il faut marcher le long des rails, il n'y a pas d'autre chemin, et les trains arrivent vite. Je n'aime pas ces moments où nous nous séparons car les téléphones ne fonctionnent pas et il est impossible de nous joindre en cas d'imprévu. Mais Clément nous retrouve facilement au village, heureusement. J'y ai réservé un hôtel sur Internet où il est bien précisé que les chiens sont admis. Or, au moment où nous arrivons, on nous affirme le contraire. Encore un coup de stress, nous expliquons, nous argumentons. Nous finissons par être mis en contact avec le propriétaire qui accède à notre demande, en nous faisant payer un supplément. Après un début chaotique, cela s'améliore car le fils du propriétaire âgé de 14 ans très sympathique propose de promener les chiens pendant notre visite du lendemain (ils sont interdits sur le site du Machu Picchu).

Un petit bus pris tôt le matin nous permet d'éviter les hordes de touristes de la mi-journée. Nous y sommes. Rose dort dans le porte-bébé quand nous arrivons mais Martin est aussi impressionné que nous. C'est un lieu mythique, quasi mystique, et nous comprenons pourquoi.

Nous redescendons dans l'après-midi et repassons une nuit sur place avant de rejoindre notre véhicule. Si la route de l'aller s'est déroulée sans encombre, des éboulements nous surprennent au retour. Heureusement, un conducteur local nous explique comment repérer le danger et passer en sécurité. En France, s'il y a des risques d'éboulement, des panneaux et des filets sont posés, mais pas là. Certaines routes du Pérou sont dangereuses et nous avons vu beaucoup d'accidents. Le plus fou était à Lima où les voitures nous doublaient de tous les côtés sans prévenir. C'était stressant. Ce sont les montagnes russes côté sensations fortes et notre niveau de vigilance monte en flèche.

## Un besoin de ralentir

Après ces visites extraordinaires, nous avons envie de nous poser au bord de la mer. Pour cela, il faut rouler. La région est montagneuse, autour de 4 000 mètres d'altitude, ça monte et ça descend fort en permanence, et il n'y a pas grand-chose d'autre à faire. Je nous vois encore chanter les tubes de Céline Dion à fond dans la voiture. La réparation de Clément tient bon. Nous avançons. Cette route extrêmement fatigante de plus de 2000 km nous prend plusieurs jours, quasiment non-stop avec une parenthèse à l'oasis de Huacachina en plein désert (pour vous donner une idée, cela ressemble aux fantasmes que l'on peut avoir du Sahara !) et un arrêt au-dessus de Lima. La zone est dangereuse et nous ne voulons pas nous attarder. Nous avons repéré un hôtel qui a une cour intérieure pour passer la nuit. En arrivant, nous voyons un grand portail en bois sécurisé. La propriétaire nous fait entrer et referme vite dernière nous. Elle nous met en garde : si vous sortez, ne prenez ni argent, ni passeport, ni clé. L'hôtel est construit sur une falaise surplombant la mer, le paysage est idyllique, mais on nous déconseille de descendre sur la plage car il y a un risque de se faire braquer. Nous restons en sécurité et nous repartons vite au petit matin.

Enfin la zone dangereuse est derrière nous et nous trouvons une station balnéaire qui nous convient. Là, nous comprenons que nous avons besoin de nous arrêter, de ralentir le rythme, de nous recentrer. Au bout de six mois de voyage, la folie des premiers jours où nous avons envie de tout voir, d'aller partout, est passée. Les sensations fortes, les émotions, la vigilance, la crainte pour la sécurité, l'attention à apporter aux itinéraires avec ces contraintes nous ont pris de l'énergie. La routine du voyage est en train d'avoir raison de nous. Des retraités nous racontent leur rythme alternant six mois de voyage sur la route et six mois chez eux. C'est une formule que nous trouvons intéressante, même si elle est compliquée pour nous en tant que jeunes actifs. D'autres sites réputés magnifiques se trouvent dans la région, mais ils sont situés à 4 000 mètres d'altitude et nous n'avons plus envie du froid, de la pluie, de l'altitude. Nous sentons aussi que nous avons besoin d'un peu plus de confort et de chaleur. C'est aussi ça le voyage : s'écouter, s'adapter, se recentrer sur ses envies, passer du temps ensemble.

## Le paradis au bord de l'océan

Nous restons trois semaines à Zorritos. Via notre application, nous avons trouvé un endroit qui accueille les voyageurs venus par la route. Tenu par Melba, une Péruvienne, et son mari Jacques, un Français, c'est un véritable paradis, un petit bout de plage où les visiteurs installent leurs véhicules sur le sable, à l'ombre des cocotiers avec vue sur l'océan Pacifique. La frontière avec l'Équateur est juste à côté et nous croisons beaucoup de voyageurs qui en viennent. Nous échangeons nos bons plans et nos coups de cœur. Tous ceux qui ont visité les Galápagos nous les recommandent. Ce n'est pas raisonnable côté budget mais plus nous entendons leurs témoignages enchantés, plus nous hésitons et avons envie d'explorer ces îles préservées.

Le temps est magnifique, les dauphins passent au loin, l'eau est suffisamment chaude pour se baigner. Martin a suivi son premier cours de surf quelques semaines auparavant. Il a adoré et grâce à la planche que lui prête le propriétaire des lieux, il se régale dans l'eau avec Clément et moi. Nous participons à des cours de cuisine avec la gérante, nous découvrons le Pisco sour (l'apéritif local), nous dégustons des langoustes. Un jour, en voulant acheter du poisson, nous sommes étonnés de découvrir qu'ils pêchent le requin.

Nous ne faisons pas grand-chose pendant ces trois semaines. Nous visitions la ville voisine, nous rattrapons un peu d'école, Martin et Rose se font des copains. Nous profitons pour être ensemble. C'est précieux. Nous fêtons Pâques, les enfants ont peint des œufs qu'ils ont ensuite cachés dans le sable. Nous revenons aux fondamentaux, nous nous ressourçons. L'énergie revient et avec elle l'envie à nouveau d'explorer. Nous repartons.

Oasis de Huacachina

L'ÉQUATEUR
& les îles
GALÁPAGOS
COLOMB
8
vers
POPAYAN
QUILOTOA
~1330 KM
QUITO
6
volcan
COTOPAXI
7
4
BAÑOS
5
Montañita
3
ÉQUATEUR
ZOOM
CAJAS
CUENCA
parc national
1
2
ZORRITOS
LES ÎLES
Galápagos
île
FERNANDINA
île
SANTIAGO
île SANTA CRUZ
île SAN CRISTÓBAL
île
ISABELA
PÉROU

# L'Équateur aux mille visages

## Un pays étonnant

La bonne nouvelle, en entrant en Équateur, c'est le prix du gasoil car il est très peu taxé ! Dans un road trip, le carburant fait partie des postes budgétaires les plus significatifs, donc ça fait du bien. En outre, comme le pays est petit, les distances pour aller d'un point à un autre sont plus courtes, ce qui n'est pas pour nous déplaire.

Cuenca est la première grosse ville équatorienne sur notre parcours et notre premier coup de cœur. Cette ancienne cité colonisée par les Espagnols est belle, propre, agréable. Il y a de grands parcs avec des balançoires et des tyroliennes, des petits restaurants de rue et nous prenons le temps d'en profiter. Aucune idée pourquoi je me suis imaginé un Équateur très pauvre, mais nous découvrons un mode de vie à l'occidentale.

À quelques minutes de Cuenca se trouve le parc national Cajas à 4 000 mètres d'altitude, avec ses paysages balayés par le vent. Les bonnets sont de retour, ça nous fait du bien de retrouver cette nature sauvage, les Andes dans toute leur splendeur. La randonnée nous ravit, mais nous préférons redescendre pour la nuit. En quelques heures de route, le climat de montagne se transforme en un climat tropical en s'approchant de la mer. Ces variations de climat et de paysage nous impressionnent.

## Montañita, un village de surfeurs

Il y a la mer et le soleil, que demander de plus ? Nous adorons l'ambiance, on se sent tout de suite chez nous. Et quand ça commence comme ça, on a souvent du mal à repartir ! Il y a de bonnes vagues, des cours de surf, des bars à smoothies. Les enfants se font des copains facilement, notamment un grand de neuf ou dix ans, Jérémy, et ses petites sœurs. Il demande à Martin s'il sait surfer. Celui-ci lui répond un grand oui enthousiaste (il a suivi un cours seulement !). Nous louons une petite planche pour Martin et les garçons vont surfer, Jérémy aidant Martin et lui apprenant les techniques petit à petit. Ses parents possèdent un petit kiosque non loin de là où le 4×4 est garé, une sorte de boutique vendant de tout. Les enfants passent tout leur temps ensemble, ils font des batailles d'eau, se parlent en espagnol, jouent avec des chatons. Nous les sentons équilibrés, épanouis, joyeux.

Il fait autour de 28-29 °C, nous sommes bien. Martin suit des cours de surf et il s'intègre au groupe du coin. Nous le voyons progresser et prendre confiance, il fait des « checks » avec les grands. Les enfants ne veulent plus bouger, et c'est, je crois, la seule fois du séjour où je me suis dit : je me verrai bien rester ici... Ça nous évoque les Landes sur la côte Atlantique, nous retrouvons l'ambiance de Seignosse, en plus calme. Nous pouvons laisser les chiens libres, la plage est tranquille. Un jour, nous cherchons Iris sans succès quand un surfeur vient nous voir en nous demandant s'il ne nous manque pas un golden retriever. Elle est partie nager loin, en plein dans les grosses vagues, avec les surfeurs ! Même les chiens se sentent bien ! Ni les enfants ni nous n'avons envie de repartir, tant pis pour les visites. Ce que nous vivons là est tout aussi important.

## Du soleil à la neige

Au bout de 15 jours, il est temps d'avancer en direction des parcs de la région. Nous nous arrêtons à Banos (gros coup de cœur avec la randonnée de la cascade du Chaudron du diable, une véritable aventure pour les enfants), puis au volcan Quilotoa dont le cratère est rempli d'eau, formant un lac. C'est assez idyllique et nous faisons du kayak. Le lendemain, direction le célèbre volcan Cotopaxi, le plus haut du pays, où nous campons. C'est probablement la soirée la plus dure de tout le voyage. Il fait tellement froid et humide que nous n'arrivons pas à allumer le feu. Or, nous en avons besoin pour nous réchauffer ! Nous avons déjà utilisé tout notre bon bois la veille, pensant trouver sur place le nécessaire, comme d'habitude, mais nous n'avons pas anticipé que le bois serait aussi humide. Il n'y a personne d'autre que nous, le brouillard est tombé. C'est la déprime après Montañita, le retour à la dure réalité du Defender en montagne. Toutefois, les enfants ne souffrent pas du froid. Ils l'appréhendent différemment : ils courent ou se réfugient dans la tente pour jouer ou s'amuser. Nous avons tous des vêtements techniques, pas de bouillotte (dommage, mais nous mettons de l'eau chaude dans des bouteilles d'eau). J'ai des moments de démotivation, pas eux.

Le lendemain, notre soif d'aventure et de découverte reprend le dessus. Notre temps d'école est consacré à l'étude des volcans et l'après-midi, nous partons l'explorer. Il y a du vent et de la neige, nous sommes à nouveau à 4 000 mètres d'altitude et la nature nous rappelle à l'ordre. C'est un paysage qui se mérite, si beau et si sauvage.

Cotopaxi

Galápagos

Quilotoa

## Les Galápagos, l'harmonie entre la nature et les hommes

Les Galápagos sont un archipel faisant partie de l'Équateur, à un peu moins de 1 000 km des côtes et surtout très protégé des activités humaines. Pour s'y rendre, il faut prendre l'avion, puis il y a deux options : soit on visite en sac à dos en dormant dans des auberges, soit on fait une croisière, mais cette option est impossible pour nous car extrêmement coûteuse.

Finalement, Clément me fait la surprise de prendre les billets d'avion. Quand je dis surprise, elle est réelle : je me retrouve masquée dans un taxi jusqu'à l'aéroport sans savoir où je vais ! C'est la folie de notre voyage, mais comme dit Clément, nous ne retournerons probablement jamais en Équateur, c'est le moment ou jamais. Nous laissons Iris et Iago dans un chenil. Ce n'est pas facile car ils nous ont suivis partout depuis le début, mais l'île est interdite aux animaux. Quant au 4×4, il est garé dans un camping non loin de l'aéroport.

Nous arrivons donc sans rien avoir planifié et nous laissons porter par le lieu. Nous sommes époustouflés par la nature préservée. Ici, l'homme n'a jamais été un prédateur, le lieu a été protégé très tôt et on se croirait dans un rêve. Les animaux sont partout et ils ne sont pas craintifs. La zone est volcanique, il y a peu de végétation, ce qui est incroyable pour observer la faune. L'eau est bleue et limpide. Nous voyons de nombreux requins, des raies, des tortues marines. À la marina, nous sommes époustouflés de voir tous ces phoques, même sur des bancs !

Nous trouvons une auberge sur place. Nous choisissons de faire une excursion 360 : le tour de l'île en bateau, une plongée avec masque et tuba au milieu des requins au rocher León Dormido, la faille aux requins, la visite d'une plage déserte où sont installés des iguanes. Nous faisons des économies au quotidien aussi pour pouvoir nous payer ce type d'exception (d'ailleurs, c'est la première fois que nous en avons envie !). C'est une journée magique.

Nous sommes surpris de voir à quel point tout est bien encadré et protégé, nous apprécions de voir que les règles sont respectées par les visiteurs. Par exemple, nous n'avons pas le droit de manger sur la plage ou d'apporter de la nourriture. Cela permet d'éviter d'attirer les animaux, de les nourrir et de les rendre dépendants. Nous sommes aussi fascinés de voir que les animaux côtoient les hommes sans crainte, certains sont curieux et s'approchent de nous, d'autres ne nous prêtent pas attention. C'est un monde vraiment à part, extraordinaire pour petits et grands.

Comme en Thaïlande, il y a plusieurs îles à visiter, sur lesquelles on se rend en bateau. Nous découvrons des tortues terrestres géantes dans une réserve. Elles produisent une sorte de souffle rauque lorsqu'elles nous aperçoivent. C'est impressionnant, Martin est même un peu effrayé. Lorsqu'elles sont couchées, elles se fondent dans le paysage, on dirait de gros rochers.

Au cours des dix jours de notre séjour, nous marchons beaucoup, nous nous baignons aussi. Rose, qui a quatre ans, apprend à nager, avec masque et tuba. Nous sommes entourés de phoques, c'est incroyable. L'émerveillement dans les yeux de nos enfants est exceptionnel à vivre. D'ailleurs, aujourd'hui, lorsque je demande à Rose où elle rêve d'aller en voyage avec Raphael et Sarah, nos plus jeunes enfants, elle me répond : « Aux Galápagos et nulle part ailleurs ! J'aimerais qu'ils puissent nager comme nous avec les animaux. » C'est un paradis autant pour nous que pour eux et l'harmonie que nous avons ressentie entre les visiteurs, les animaux et la nature est vraiment unique.

À l'aéroport, j'ai un instant de nostalgie. Ces dix jours en sac à dos nous ont fait du bien. Nous avons eu l'impression d'être en vacances. Moins de logistique, moins de stress sur la sécurité. Nous savons que nous avons la Colombie encore à traverser et que les routes peuvent être compliquées. Sur le moment, je n'ai pas envie de reprendre notre routine : itinéraires, cuisine et vaisselle en plein air, logistique, etc.

Nous retrouvons les chiens en pleine forme et le 4×4 en parfait état. Les enfants ramènent néanmoins des poux qu'ils ont attrapés dans une auberge. Malgré tous les traitements et nos vêtements portés en laverie, nous n'arrivons pas à en venir à bout !

C'est l'heure de notre dernière étape : la Colombie.

Galápagos

La
COLOMBIE
5
6
PALOMINO
Santa Marta
7
CARTAGENA
VENEZUELA
PEÑON DE GUATAPÉ
3
4
Guatapé
Guadalupe
2
FILANDIA
SALENTO
COCORA
La vallée de Cocora
1
POPAYÁN

# La Colombie : un pays exotique et si chaleureux

## La décision de s'arrêter là

Initialement, nous voulons continuer notre voyage en Amérique centrale. Pour éviter la zone de jungle colombienne trop dangereuse pour s'y aventurer, l'idée est de prendre un bateau jusqu'au Panama puis de continuer la route vers le Costa Rica, le Nicaragua, etc. Mais en 2018, un conflit éclate au Nicaragua. Il est donc inimaginable de traverser ce pays. Or, point d'autre route pour arriver jusqu'en Amérique du Nord. Nous pourrions envoyer le 4×4 par bateau au Mexique, mais le tarif est très élevé, autant que pour rentrer en Europe. Au final, nous préférons ramener le véhicule en France, rentrer, nous poser, nous interroger. Nous envisageons de changer de véhicule pour les États-Unis pour avoir un espace intérieur, ce qui nous semble plus adéquat pour cette destination. Le 4×4 est parfait pour la plage, mais dès qu'il y a du vent et de l'humidité, c'est tout de suite moins agréable. En parallèle, une de mes meilleures amies, Perrine, se marie pendant l'été, j'aimerais tant être présente. Clément et moi avons aussi envie d'avoir un autre bébé et commençons à laisser faire la nature. Rose et Martin grandissent, c'est le bon moment pour agrandir la famille. La conjugaison de tout cela fait que nous décidons d'achever notre périple en Colombie et nous commençons à prendre nos dispositions. Nous déposerons nous-mêmes notre véhicule à Carthagène, sur la côte Caraïbes, puis nous prendrons l'avion. Mais avant de rentrer, il reste encore un pays à découvrir !

## Une zone de tensions à la frontière

Ce passage de la frontière est le plus difficile de tout le voyage. Le Venezuela est en feu, de nombreux habitants fuient vers les pays voisins, passant les frontières à pied. J'en ai les larmes aux yeux, je ne me sens pas à ma place, je m'en veux d'être privilégiée, d'avoir le luxe de pouvoir voyager avec mes enfants alors qu'eux vivent dans la misère et le désespoir. Nous sommes marqués par la détresse de ces personnes qui n'ont rien, qui fuient avec leurs oreillers…

Pour sortir de la zone, il faut emprunter la route nationale, en mauvais état, un contraste frappant avec les routes équatoriennes en très bon état. Nous mettons dix heures pour parcourir 100 km. Il n'y a qu'une file, il est impossible de doubler. La route ne fait que monter et descendre encore et encore, il fait très chaud, il y a des travaux avec des feux rouges interminables, de l'ordre de 30 minutes ! Naturellement, quand nous nous arrêtons, cela réveille les enfants.

## La douceur de vivre

C'est le jour et la nuit entre la zone frontalière et celle que nous découvrons. C'est la Colombie des plantations de café, que c'est joli ! Les paysages sont très verts, vallonnés, nous découvrons des arbres que nous n'avons jamais vus ailleurs. C'est là que Clément se projette, qu'il s'imagine s'installer. Nous retrouvons des copains rencontrés en Bolivie à Noël et qui ont acheté une petite maison avec une plantation de café. Nous passons là quelques jours à les aider et à découvrir leurs recommandations et coups de cœur.

Mer des Caraïbes

Nous visitons plusieurs sites touristiques, à commencer par le très joli village de Salento. Il est coloré comme dans les films colombiens, les habitants jouent de la musique, les filles portent des robes longues aux couleurs vives, le climat est idéal entre la chaleur tropicale fracassante et le froid humide de l'altitude. C'est très agréable. Nous visitons aussi une grande palmeraie, l'une des plus hautes du monde. Nous faisons plusieurs randonnées. Nous croisons beaucoup de chevaux. Nous sommes tellement bien ici.

La douceur de vie de la Colombie nous charme. C'est un pays très exotique pour nous, plus abordable que d'autres pays du sud. Nous profitons à fond des marchés, des fruits locaux, des jus de fruits, notamment de lulo et de fruit de la Passion. Nous nous régalons de yaourts glacés. Les habitants sont avenants, accueillants, bienveillants, très gentils avec les enfants. Sincèrement, les plus sympathiques de tous les pays d'Amérique du Sud que nous avons visités ! Nous adorons nos semaines sur place.

Nous nous rendons jusqu'au lac de Guatapé, au centre du pays. C'est un grand lac parsemé de petites îles charmantes. Nous apprenons que c'est un des lieux de prédilection de riches Colombiens qui ont ici leur maison secondaire. Nous comprenons pourquoi. Les villages sont magnifiques, comme dans un rêve. Nous faisons du kayak, nous nous promenons. Sur ces dernières semaines, le 4×4 est parfaitement adapté. C'est un régal.

Sur la recommandation des locaux, nous visitons un village traditionnel. C'est superbe, très authentique. C'est d'ailleurs là que j'ai réussi à me débarrasser des poux de Rose qu'elle avait attrapés aux Galápagos. J'ai déjà traité plusieurs fois mais il suffit d'une lente pour que ça reparte. Je suis entrée dans cette pharmacie en disant à la pharmacienne : je n'en peux plus, aidez-moi ! Elle a mis trois gouttes (oui, gouttes) d'un produit et Rose n'en a plus jamais eu. Je ne sais pas ce qu'il y avait dans cette lotion, elle n'était probablement pas du tout écologique, mais au moins nous avons été tranquilles après !

Nous sommes en pleine Coupe du monde de foot, il y a une ambiance de folie. Quand nous prenons le temps de rester à un endroit, les enfants se font facilement des amis. Ils sont désormais bilingues en espagnol. Dans ce village, une grande fille d'une douzaine d'années s'occupe des autres enfants jusqu'aux petits âgés de deux ans. Ils sont une petite dizaine, ils se promènent tous ensemble, jouent dans la rue. Ils prennent Martin et Rose sous leur aile en venant les chercher au 4×4 le matin. Martin et Rose font leur

vie un peu comme des ados d'ici ! Ils sont complètement intégrés et suivent les enfants partout. Un jour, ils nous disent : demain, on va à la bibliothèque regarder un film. Bien sûr, nous les avons suivis de loin et nous nous sommes installés dans un café en face de la bibliothèque. Voir cette autonomie chez nos enfants de bientôt quatre et six ans, cet esprit d'entraide exceptionnel entre les enfants de différents âges, un peu comme dans une famille nombreuse, nous a émus.

Pour fêter les quatre ans de Rose, nous souhaitons qu'elle puisse refaire du cheval. Nous pensons que cela sera facile car il y a de nombreux chevaux dans la ville, mais personne ne propose de balades. Là-bas, c'est quelque chose qui ne se fait pas, car tout le monde a son propre cheval. Mais Clément finit par trouver. Le cheval s'appelle Regalo, « cadeau » en espagnol. Rose a des étoiles dans les yeux, elle le monte avec fierté et bonheur. En Patagonie, au Chili et chez nos amis au Pérou, nous avons monté à cheval tous ensemble, mais c'est la première fois qu'elle le fait seule. Rose est une petite fille qui se sent proche des animaux, c'est pour elle un moment très spécial, elle nous en parle souvent. Nous fêtons son anniversaire sur la place du village. Nous achetons un gros gâteau à la boulangerie. Nous nous sentons bien. Au milieu des champs se trouve une rivière très connue, avec des trous d'eau dans lesquels nous nous baignons. Complètement atypique !

Notre itinéraire nous emmène toujours plus au nord jusqu'à la côte Caraïbes. La chaleur est fracassante, l'humidité très forte. Nous avons du mal à nous acclimater. Nous passons un temps dans un camping, sur la plage où nous fêtons les six ans de Martin. Une tortue vient de pondre et nous aidons un soir une association qui vient les déterrer pour que les braconniers ne puissent pas les voler. Nous ne pouvons pas nous baigner car le courant est trop fort, mais en avançant un peu, on trouve un lac sur la plage où les locaux viennent se rafraîchir et se baigner. Nous visitons plusieurs plages en minibus, tandis que le Defender reste au camping avec la tente d'appoint, comme un appartement.

## Se préparer au retour

Les enfants vont bien, mais c'est Iris qui nous inquiète. En Bolivie déjà, notre chienne perdait des poils, avait des plaques rouges. Lors de notre séjour de trois semaines en attendant la réparation, le beau-frère bolivien du propriétaire, qui avait lui-même plusieurs chiens, nous avait expliqué qu'à cause de la forte humidité, les chiens s'arrachent les poils. Il nous avait donné un shampoing pour l'apaiser. Mais cette fois, rien n'y fait. Nous craignons qu'elle ne puisse pas embarquer dans l'avion. Soudain, Iris va très mal. Elle ne veut plus ni manger ni boire. Le climat est très lourd et très chaud, elle ne le supporte pas.

Carthagène est notre dernière étape, la ville du départ. Nous nous installons d'abord dans une chambre d'hôtel. À vivre ainsi dans un espace clos, nous comprenons qu'elle sent très mauvais, nous soupçonnons une infection de la peau. Il faut faire quelque chose. Comme Carthagène est une ville immense, il est impossible de camper. Nous choisissons de louer un appartement pour pouvoir nous occuper d'Iris au mieux. Il est simple mais confortable et les enfants profitent de la piscine sur le toit de l'immeuble. Nous fermons le 4×4, faisons nos valises, le mettons sur un parking. Je commence à m'imaginer Clément devoir rester sur place le temps qu'elle aille mieux. Nous avons très peur de ne pas pouvoir repartir ensemble. Quand quelque chose ne va pas, c'est bien pire lorsqu'on n'est pas chez soi. Nous consultons une vétérinaire qui lui fait des prélèvements sanguins. Elle diagnostique une pathologie liée à une piqûre de tique. Nous devons administrer plusieurs médicaments à Iris, retourner plusieurs fois chez la vétérinaire pour des piqûres. Cela nous coûte une fortune mais peu importe, il faut la requinquer. Pour pouvoir être autorisés à prendre l'avion, tous les chiens doivent passer devant le vétérinaire officiel qui donne son feu vert. Le pays se veut exemplaire et a mis en place une procédure stricte.

Trois semaines s'écoulent sur place. Il n'y a pas que notre chienne qui nous inquiète. Alors que le départ du bateau qui doit ramener notre véhicule était prévu quelques jours après l'anniversaire de Martin, début juillet, il n'est toujours pas arrivé. Nos billets d'avion sont réservés pour la fin du mois. Nous avons payé l'acompte, la compagnie de transport est gérée par un Français qui nous dit que tout va rentrer dans l'ordre, mais ça ne nous rassure pas du tout... Nous avons choisi cette solution où la voiture est mise dans un container car elle est censée être plus sûre, mais au final, ça ne l'est pas du tout. Nous sommes impuissants.

Malgré ces angoisses, nous voulons tout de même en profiter. La vieille ville est splendide, authentique et colorée. Des charrettes tirées par des chevaux transportent des touristes (les enfants en prennent plein les yeux). Les visites et l'ambiance festive nous plaisent, nous parcourons les marchés, sirotons des jus de fruits exotiques et achetons des souvenirs pour nos proches.

La veille du départ, le bateau n'est toujours pas là. Nous tenions à être présents pour le contrôle des douanes et la mise en container du 4×4 mais c'est désormais impossible. Pendant un an, nous n'avons presque jamais laissé notre véhicule et nous nous retrouvons à devoir confier tout ce qui nous appartient à un inconnu. Nous n'avons pas confiance, mais nous n'avons pas le choix.

C'est aussi le jour J pour la visite chez le vétérinaire officiel. La patte qui était particulièrement touchée a commencé à cicatriser, les poils repoussent mais doucement. J'ai acheté des bandanas rose fuchsia et bleu turquoise aux chiens, ils sont pomponnés, nous croisons les doigts. Et là, Iris se couche sur le côté où elle est blessée. La vétérinaire est sous le charme des enfants qui discutent en espagnol avec elle. Elle valide les papiers sans même avoir ausculté Iris. La magie du voyage avec les enfants. Ils ont volé la vedette à notre chienne et nous pouvons rentrer. Le soulagement nous envahit, le stress retombe. Demain, on s'envolera pour Madrid.

Région du café

Mer des Caraïbes

Guadalupe

# Un retour en France difficile

Le vol atterrit à Madrid où nous faisons étape deux jours. J'ai anticipé l'arrivée en réservant un gros taxi pour pouvoir y monter tous les quatre, nos chiens, les bagages et les cages d'avion des chiens. Nous sommes bien chargés ! Malgré la chaleur étouffante de l'été, nous en profitons pour visiter ensemble la ville. Cela permet aux enfants de récupérer de la première partie du voyage et de se ressourcer, et nous aussi. Un voyage de ce type est fatigant et éprouvant, à la fois par sa longueur et le stress qui l'accompagne souvent, et je préfère que l'on prenne son temps pour le vivre au mieux.

## Prendre le train, c'est moins facile qu'il n'y paraît !

Nous avons réservé un Madrid-Béziers via la SNCF. Mais en arrivant sur place, on nous arrête immédiatement : en dehors des chiens guides, les chiens ne sont autorisés ni dans la gare ni dans les trains. Pourtant, nous avons bien pris des billets pour nos chiens sur le site de la SNCF ! C'est l'incompréhension et la panique. Nous sommes là, coincés avec des billets inutilisables et non remboursables, avec nos enfants. Nous expliquons, négocions, insistons. Après de longues discussions, on nous autorise à titre exceptionnel de placer les chiens dans leurs cages (qui avaient servi pour le vol) au niveau de l'espace pour les fauteuils roulants, à la condition expresse que l'on descende si la place est utilisée. C'est l'incertitude jusqu'au départ du train, mais heureusement, nous pouvons rester. Depuis le début du voyage, nous sommes ébahis devant les multiples difficultés et coûts liés à nos chiens. Nous savions que ça ne serait pas de tout repos, mais ça devient lassant.

Enfin à Béziers ! Ma mère, mon père et mon frère Valentin viennent nous chercher à la gare. C'est la joie des retrouvailles. Nous avions vendu notre maison avant de partir et ils nous hébergent. Quelques jours plus tard, nous assistons au mariage de Perrine. Quel bonheur d'être rentrée à temps pour être à ses côtés.

## L'envie de repartir

Nous avons toujours envie de reprendre notre découverte de l'Amérique du Nord, mais le Defender n'est toujours pas rentré de Colombie et nous devons l'attendre. Il nous faut le vendre pour pouvoir acheter un camping-car et continuer notre road trip. Nous pensons en faire directement l'acquisition aux États-Unis afin d'éviter les frais d'expédition du véhicule.

Puis nos plans changent car je fais un test de grossesse qui se révèle positif. Je ne me vois pas enceinte sur la route, mais nous avons toujours envie d'ailleurs. Clément décide de chercher des opportunités à l'étranger. Il pose sa candidature pour un poste au Canada et il est retenu. Mais avant de nous lancer dans l'expatriation, nous décidons d'attendre la première échographie. J'ai déjà fait une fausse couche et si cela doit à nouveau m'arriver, je préfère être en France où j'ai mes repères. Nous avons aussi besoin de temps pour nous préparer.

## Le retour tant attendu du 4×4

Un mois et demi après notre retour, le 4×4 arrive enfin à bon port. Nous sommes sidérés par son état. La roue de secours n'est plus à sa place, elle pend au bout de sa chaîne, abîmant au passage la portière sur laquelle elle tape. Les panneaux solaires du toit, qui sont un équipement fragile, portent des traces de pas, la tente est déchirée. À l'intérieur, c'est pareil, tout a été retourné. Les vêtements sont dans le désordre le plus complet, les livres ont été grignotés par une souris (toujours vivante d'ailleurs), il manque des objets. Nous sommes sous le choc. Non seulement c'est très désagréable de retrouver toutes ses affaires retournées et abîmées, mais nous allons devoir effectuer des réparations. Nous nous sentons furieux et impuissants.

Une fois le 4×4 à nouveau présentable et en état de fonctionnement, nous le mettons en vente. Nous sommes soulagés de le voir partir rapidement. Nous avions acheté le véhicule pour ce périple et nous n'avions jamais envisagé le garder après. Nous nous sentons libres d'aller où nous le souhaitons.

## Recommencer à zéro

Tous nos plans sont chamboulés lorsque nous découvrons les résultats de l'échographie du premier trimestre et du dépistage de la trisomie 21. La clarté nucale du fœtus est considérée comme trop élevée, nous sommes dans un risque significatif. Pour moi qui ai vécu deux premières grossesses sans souci de santé, je tombe de haut. Les mots que j'entends me font peur. La sage-femme m'explique qu'elle va appeler les gynécologues du CHU de Montpellier pour planifier une prise en charge et préciser les résultats. C'est un suivi rapproché de la grossesse qui nous attend désormais avec de nombreux examens. Nous choisissons d'abandonner notre projet d'expatriation, nous n'en ressentons plus du tout l'envie.

Je me sens physiquement épuisée par ce début de grossesse et c'est dans un brouillard émotionnel que nous commençons les démarches pour nous réinstaller en France. Nous avons choisi de vendre notre maison pour nous donner de la mobilité en rentrant et retrouver ainsi plus facilement du travail, et nous avions anticipé un budget retour pour que celui-ci se passe sans trop de stress sur le plan financier.

Clément obtient un poste de directeur dans un gros magasin d'optique à Carcassonne. Il est enthousiaste car cela va lui permettre d'explorer une partie de son métier qu'il n'a pas encore eu l'occasion de développer, le management d'équipe.

À présent, il nous faut trouver où loger et nous faisons face à un parcours du combattant. Nous revenons d'un an de nomadisme à l'étranger, nous n'avons donc pas d'avis d'imposition ni de bulletin de paie, qui sont les papiers généralement demandés dans un dossier de location. Nous avons l'impression de tout recommencer à zéro… L'année que nous avons vécue valait le coup, mais il est important de garder à l'esprit qu'un tel voyage a aussi un coût en termes d'efforts et de renoncements. Le retour, notamment, peut représenter un véritable défi.

Un jour, je tombe sur l'annonce d'une jolie villa de trois chambres avec jardin à un quart d'heure du travail de Clément, dans notre budget. Lorsque j'appelle, la propriétaire me répond qu'elle a déjà une quinzaine de visites prévues le lendemain. Et ce soir ? Oui, nous pouvons passer. Nous nous précipitons dans la voiture et une heure et demie plus tard, nous visitons. Avec Clément, nous nous comprenons vite et nous sommes d'accord : c'est idéal pour nous. Cette fois-ci, à l'écoute de notre situation et de l'assurance financière que nous proposons avec le paiement des premiers loyers, les propriétaires acceptent de nous faire confiance. Nous prenons la maison immédiatement : octobre est déjà là, nous avons manqué la rentrée des classes. C'est une aventure d'aller dans un lieu inconnu, où on ne connaît personne !

Les étapes s'enchaînent, il faut maintenant inscrire les enfants à l'école. Nous repérons un établissement Montessori dans la ville, nous pensons que cela leur conviendra mieux qu'un cadre scolaire classique après notre année sur la route. Ils ont de la place pour la rentrée des vacances de la Toussaint. Cela nous arrange, la transition voyage-déménagement-rentrée scolaire est ainsi moins précipitée, plus douce pour les enfants.

## Se réadapter au quotidien

Nous nous installons rapidement dans la maison. Le jour de l'aménagement, Clément craque : avons-nous raison de nous réinstaller dans ce quotidien que nous avions choisi de quitter et cette vie de salarié ? Ne fait-on pas une erreur ? Nous savons tous deux que c'est le choix qui s'impose à ce moment-là, même s'il ne nous enthousiasme pas.

Pour lui comme pour moi, l'atterrissage est difficile entre la grossesse à risque, le mode de vie classique auquel nous revenons et le fait de ne pas avoir eu de chez nous en rentrant. Après avoir vécu intensément et librement pendant tous ces mois, la routine dans laquelle nous retombons nous semble fade et pâle. J'ai 27 ans, il en a 29, nous avons réalisé le rêve de notre vie. Que fait-on maintenant ? C'est la déprime du retour. Comme nous avons partagé régulièrement des photos et des vidéos de notre voyage, la plupart de nos proches ne nous posent que peu de questions alors que nous avons tellement envie de raconter ces moments qui sont les plus forts de notre vie. Nous nous sentons en décalage avec les soucis des personnes autour de nous, des problèmes de pneus, de piscine… Nous ressentons aussi ce décalage au quotidien. En Colombie, les gens étaient toujours dans la rue et se parlaient volontiers, l'ambiance était vivante et chaleureuse, les boutiques restaient ouvertes tard. Lorsque nous rentrons, nous sommes en pleine canicule. Les personnes sont enfermées chez elles, volets baissés. Les Français nous semblent au premier abord renfermés, pas dans l'échange. Nous avons besoin d'un temps de réadaptation. Les enfants sont comme nous. Le soir, au moment du coucher, Rose pleure en me disant : « Maman, mon voyage me manque. »

Mes émotions sont décuplées par mes angoisses de grossesse. Je pleure beaucoup, je n'ose pas penser au bébé qui grandit dans mon ventre, je nous imagine déjà aller vers une interruption médicale de grossesse. Je me sens paralysée intérieurement, incapable de me projeter, j'ai peur de m'attacher à ce bébé. Trouver notre nouveau chez-nous et l'aménager me redonne un coup d'énergie. Alors que les enfants pourraient avoir chacun leur chambre, ils choisissent de dormir ensemble (ils nous proposent même initialement de partager une chambre à quatre !). Après un an à partager la tente de toit tous ensemble, ils ont besoin de garder cette proximité. Nous leur installons des lits superposés qu'ils s'approprient avec fierté et la dernière chambre est transformée en salle de jeu.

Deux jours après l'installation dans la maison, Clément commence déjà son travail. Quelques semaines plus tard, ce sont les enfants qui prennent le chemin de l'école. Je me retrouve seule avec mes chiens et mon chat qui était resté chez papi pendant le voyage. Je me sens triste sans eux…

Martin est très sociable, il apprécie beaucoup le contact avec les autres enfants. Il a six ans, et retourner à l'école c'est aussi se faire de nouveaux copains. Rose, qui a quatre ans et demi, fait sa première rentrée scolaire.

Je la sens prête, grande, forte. Elle aussi est contente. Le cadre scolaire lui convient bien, elle se régale à apprendre. Le rythme de l'enfant est au cœur du projet pédagogique de l'école, le vendredi, elle propose aussi des journées en forêt, c'est en quelque sorte dans la continuité de ce qu'ils ont vécu.

## Une période éprouvante

C'est l'hiver, la saison que j'aime le moins. Je souffre du manque de soleil, du climat humide avec un vent digne de la Patagonie, de l'allée devant la maison qui se transforme en boue dès qu'il pleut, d'une certaine solitude. Clément part tôt le matin, dépose les enfants à l'école à 8 heures et rentre le soir entre 19 et 20 heures. Il travaille un mercredi sur deux et un samedi sur deux. Nous nous voyons si peu après tous ces mois passés ensemble H24, le contraste est trop brutal pour moi et il manque aux enfants. Clément me dit : « Je passe plus de temps avec mes collègues que ma famille. » Heureusement, il s'épanouit dans ses nouvelles responsabilités. Il me dit déjà qu'il ne restera pas à ce poste toute sa vie mais en attendant, c'est une belle expérience pour lui.

Pendant des mois après notre retour, nous apprécions et prenons conscience des petits luxes de la vie sédentaire et de la vie en France, comme se faire couler un café en appuyant sur le bouton de la machine, avoir sa propre machine à laver, profiter de douches chaudes. C'est même un choc de comprendre que j'ai de l'eau potable dans mes toilettes et dans ma douche, alors qu'en Amérique du Sud, de nombreux habitants n'en ont pas dans leur robinet.

C'est lorsque j'échange avec des voyageurs que je me sens comprise, à ma place, et notamment sur Instagram. Mon compte, alors nommé « Raised on the Road » et que j'ai alimenté pendant tout le voyage, compte désormais 17 000 abonnés. Je me demande quoi en faire. Est-ce que je le laisse mourir maintenant que nous sommes rentrés et que nous n'avons plus de projet de voyage ? Est-ce que j'en fais autre chose ? J'ai encore envie de partager sur l'Amérique du Sud et maintenant, après une pause où je suis restée silencieuse suite à la première échographie, j'ai envie de parler de ma grossesse difficile. C'est un virage à 180° : beaucoup se désabonnent car c'est avant tout l'aspect voyage qui les intéressait, mais en même temps, de nouvelles personnes arrivent et mon compte continue à vivre. Ce n'est pas mon travail à ce moment-là (ça le deviendra), je me régale, j'aime le partage, l'échange, rencontrer de nouvelles personnes. À côté de ma vie de maman à la maison, m'occuper de mon compte me donne un petit but au quotidien. Je reçois mes premières invitations à des podcasts ou sur d'autres comptes. Je suis contente de pouvoir partager mes expériences de voyage. Peut-être pourrais-je inspirer à mon tour d'autres personnes comme j'ai été inspirée par des blogs plusieurs mois auparavant, montrer par mon parcours qu'on peut oser rêver, partir, ne pas s'enfermer dans un parcours parfois tout tracé. Lorsque des personnes m'écrivent pour me dire « merci de nous avoir montré que c'était possible, nous partons », cela me remplit d'énergie et donne un sens à mon compte.

Côté suivi de grossesse, tous les mois, nous nous rendons à Montpellier, à deux heures de route. Le risque de trisomie est écarté grâce aux examens supplémentaires, mais les médecins  suspectent autre chose, tout en restant flous et indécis. Au 7e mois, ils me prescrivent une IRM pour laquelle je dois prendre un calmant pour endormir le bébé, mais celui-ci bouge tout du long et les images ne sont pas exploitables. Moi, en revanche, je suis complètement sonnée par le cachet. Et nous n'en savons toujours pas plus. Nous enchaînons avec l'échographie. C'est un professionnel que nous ne connaissons pas qui nous accueille et nous lui racontons à nouveau notre parcours. À l'issue de l'examen, ses conclusions sont très rassurantes, le bébé va très bien, nous n'avons pas besoin de revenir, nous pouvons reprendre un suivi classique plus proche de notre domicile. J'en pleure de soulagement. Enfin je peux commencer à investir ma grossesse, me dire : oui, mon enfant va bien.

Costa Brava

Pyrénées

Gorges du Verdon

## Une autre manière d'envisager l'accouchement

Entre une grossesse hyper médicalisée et deux accouchements traumatisants à l'hôpital, j'aspire à quelque chose de plus respectueux pour mon corps et de son rythme. Mon premier accouchement s'est en effet soldé par un déclenchement, une péridurale qui me coupe de toutes mes sensations, un accouchement avec ventouse, une épisiotomie et une suture beaucoup trop serrée. Pour moi qui ai toujours vu l'accouchement comme quelque chose d'instinctif et naturel, j'en suis sortie avec la sensation que mon corps ne savait pas faire, j'avais perdu confiance en moi. Mon deuxième accouchement avait mieux commencé, mais je me suis retrouvée dans une position de totale passivité au moment de la naissance de Rose. Encore une nouvelle couche de déception. Cette fois-ci, je veux reprendre le contrôle et laisser le pouvoir à mon corps.

En termes d'alternative à la maternité, moins de dix maisons de naissance (des structures accolées à des hôpitaux et gérées par des sages-femmes) existent pour l'instant en France et il n'y en a pas à côté de chez moi. J'imagine d'abord un accouchement en plateau technique à l'hôpital, c'est-à-dire avec une sage-femme qui effectue le suivi global de ma grossesse et qui me rejoint le jour J à la maternité. Le hasard fait que celle que je contacte se trouve elle-même en congé maternité. Elle me recommande alors à une collègue expérimentée qui a fait des accouchements à domicile tout au long de sa carrière en Belgique. Aux Pays-Bas, d'où je viens, il est dans la norme d'accoucher chez soi, ma mère l'a fait deux fois, mes tantes aussi.

Nous nous rencontrons et je me sens en confiance. Je sais que je serai entre de bonnes mains le jour J. Je la vois comme une chance car elles sont si rares à le faire, environ 80 sages-femmes seulement sur toute la France, particulièrement en raison des coûts d'assurance prohibitifs pour elles. C'est cette sage-femme qui m'aide à traverser ma grossesse difficile. Au fil de nos discussions, elle me permet de digérer mes deux premiers accouchements, elle me redonne confiance en mon corps, en moi, en mon bébé qui va me guider. Elle m'explique que mes bébés mettent du temps à descendre, mais que les protocoles de l'hôpital ne me donnent pas le temps d'aller au bout de mes possibilités. Ces séances de préparation à la naissance sont une sorte de revanche sur le suivi médical lourd, elles me font un bien fou.

## Un nouveau compagnon de route

Les enfants se plaisent dans leur nouvelle école, ils se sont facilement réadaptés à une vie normale. Nous avons envie de nous retrouver le week-end, de pouvoir repartir sur la route, même à une petite échelle. Nous décidons d'acheter un camping-car d'occasion en puisant dans nos économies de la vente du 4×4, il en vaut la moitié. C'est un investissement cher de base, mais il va nous permettre de partir très facilement en famille. En dehors du coût du carburant, on ne dépense pas forcément plus qu'à la maison. Clément rénove la cuisine, la douche, je refais la couture des coussins. C'est une nouvelle bulle d'air bienvenue.

## Vivre avec moins

Pendant le voyage, nous avons pris l'habitude de vivre avec moins et de faire attention. À notre retour, avec le coût de la réinstallation, les frais de l'école Montessori et faisant le choix de vivre sur un seul salaire nous faisons particulièrement attention à nos dépenses. Pour les courses alimentaires, je prévois des menus de la semaine pour ajuster les quantités et éviter le gâchis. Je cuisine en grande quantité pour que Clément puisse emporter son repas le midi et garder les tickets-restaurants pour faire les courses. Nous optimisons les contrats d'assurance, les abonnements Internet et téléphone, les frais bancaires. Lorsque nous prenons la route, nous tentons d'éviter les autoroutes à péage. Plus tard, nous opterons pour les courses au *drive*, ce qui permet de gagner du temps et de ne pas être tenté par des achats impulsifs. Nous refusons tout crédit, nous préférons renoncer à un achat ou le faire d'occasion si c'est dans nos moyens. Je vends aussi au fur et à mesure les vêtements ou le matériel qui ne me sert plus. Cela permet à la fois de récupérer un peu d'argent et aussi de gagner de la place. Pour maîtriser le budget, je préfère retirer de l'argent liquide plutôt que d'utiliser la carte bancaire. Cela rend la chose beaucoup plus concrète, je ne peux pas dépenser plus que ce que j'ai dans mon porte-monnaie. Cette astuce m'a bien aidée.

Côté sorties, faire des économies, ça ne veut pas dire se priver de tout ! Nous cherchons les bons plans, certains musées sont gratuits le premier dimanche du mois par exemple. Et nous adorons randonner, c'est en pleine nature que nous nous sentons le mieux.

# Notre famille, notre force

La fin de ma grossesse se passe bien. Au départ, nous avons prévu de confier Martin et Rose à leurs grands-parents dès les premiers signes de l'accouchement, mais ils insistent pour être à la maison ce jour-là. Nous avons gardé la surprise du sexe du bébé, ils veulent être là pour le découvrir. Ils me font comprendre que ce n'est pas juste nous qui devenons parents une nouvelle fois, mais la fratrie qui s'agrandit. Ils sont heureux de ce bébé qui arrive et c'est très émouvant pour moi de voir mes grands s'investir avant même qu'il soit là. Avec Clément, nous nous sommes laissés convaincre, je veux juste qu'ils ne soient pas dans la même pièce que moi au moment de la naissance, et nous avons prévu un plan B au cas où.

## Un accouchement en toute puissance

C'est un vendredi soir du mois de mai. Martin et Rose dorment déjà. Au moment où je suis sur le point d'aller au lit, je ressens la première vraie contraction. Ça commence. Plutôt que de me coucher, je m'installe sur mon ballon. Je me sens puissante, mon cerveau reptilien prend le dessus. Je me connecte à mon corps. Je n'ai pas le stress de me demander quand c'est le bon moment de partir à la maternité. Je me laisse porter. Je vais vivre cet accouchement dont je rêve depuis si longtemps. La confiance m'habite. J'écoute un enregistrement sur l'accueil des contractions, la piscine d'accouchement que ma sage-femme m'a prêtée est installée dans le salon. Vers 2 heures du matin, je l'appelle. Je sais qu'elle a une heure de route, donc je préfère anticiper.

Lorsqu'elle arrive, je me sens bien, j'arrive à parler malgré les contractions, nous rions ensemble. À voir à quel point je suis à l'aise, elle me dit même : « Toi, tu n'es pas en train d'accoucher ! » Mais elle m'examine et c'est la grosse surprise, je suis déjà à 8 cm de dilatation du col de l'utérus (sur 10). C'est généralement la partie la plus longue. Ma sage-femme me félicite et me suggère de m'installer dans la piscine, ce que je fais.

Martin m'a demandé de pouvoir venir avec moi dans l'eau. Nous savons que c'est quelque chose qui lui tient à cœur. Même si on est en pleine nuit et après avoir hésité, nous faisons le choix de le réveiller car nous lui avions promis. L'accouchement se passe bien mais je sens déjà que ça évolue et que s'il ne vient pas maintenant, je ne serai plus en état plus tard. Martin est adorable, il vient dans l'eau, me fait un petit câlin de cinq minutes, puis Clément le recouche.

Les contractions s'intensifient nettement. J'ai tellement mal que je n'ose même plus bouger de peur que chaque mouvement rende les sensations encore pires. Malgré la force des contractions, le bébé est encore haut. J'ai trop chaud dans l'eau, je ne me sens pas bien. Clément m'aide à sortir de la piscine et la sage-femme me propose des positions pour débloquer le travail, elle m'incite à me mettre en mouvement. Sa présence est fondamentale.

Martin et Rose se réveillent vers 8 heures et regardent un film dans la chambre. Ils ne se rendent pas compte que c'est difficile pour moi. Je suis silencieuse, j'ai conscience que mes enfants sont dans une autre pièce pas loin, je suis complètement dans ma bulle.

C'est long, difficile, mais je ne le vis pas mal car je me suis préparée, j'accueille chaque contraction qui me rapproche de mon bébé. Enfin, je sens la phase de désespérance. Je sais que le moment de la rencontre est proche. Je retourne dans la piscine et je pousse de toutes mes forces. Pendant 45 minutes, je donne tout ce que j'ai car je sais que la sortie du bébé ne dépend que de moi. Je sens que pousser sur la contraction soulage. Je suis tellement épuisée que mon corps se met sur pause entre chaque poussée et je m'endors brièvement dans les instants de répit. La poche des eaux se rompt brutalement et je ressens le cercle de feu dont j'avais entendu parler. Je pousse avec toute mon énergie, je ne peux retenir un cri et la tête sort. Je dois recommencer encore une fois pour que le reste du corps passe. Il est 9 heures, mon bébé est là.

Clément va chercher les enfants pour accueillir ce nouveau membre de la famille. Tous ensemble, nous découvrons que c'est un petit garçon, Martin et Rose ont un petit frère. Nous n'avons pas encore de prénom mais, peu importe, nous sommes plongés tous ensemble dans la magie de la rencontre. Il est en parfaite santé, mesure 56 cm et pèse 4,6 kg. Il est très grand et fort, pas étonnant que l'accouchement ait été difficile.

C'est dans l'eau que je commence à saigner. Ma sage-femme ne s'inquiète pas au début, il y a souvent des petits saignements après l'accouchement et le placenta doit sortir. Les enfants retournent dans leur chambre finir leur film. Soudain, je sens ma sage-femme et Clément s'agiter autour de moi. Je comprends que ça ne va pas. Bizarrement, je n'ai pas peur, peut-être ce sont les hormones qui jouent leur rôle, j'ai confiance en cette professionnelle expérimentée. Je suis en train de faire une hémorragie de la délivrance. L'utérus doit continuer à se contracter pour faire sortir le placenta, l'étape que l'on appelle la « délivrance » justement. Mais il a trop travaillé, il n'y arrive plus, et l'hémorragie se produit. Ma sage-femme réussit à la stopper. Elle me propose d'aller à l'hôpital mais comme je suis sortie d'affaire, je préfère rester chez moi.

Plus tard, lorsque nous reparlerons de l'accouchement, elle me dira : « Il faut que tu te rendes compte que tu as failli mourir, Jill, c'était sérieux. Ce que tu as vécu était très fort. » Mais pendant longtemps, je ne le ressentirai pas de cette façon. J'ai vécu l'accouchement de mes rêves, c'est une fierté d'avoir mis au monde mon garçon seule. J'ai un sentiment d'accomplissement puissant et j'ai énormément de gratitude pour mon corps, pour ma sage-femme grâce à qui j'ai pu aller au bout de ce rêve et pour Clément qui a été au top. Sa place ce jour-là fut intense.

Le lendemain, nous décidons ensemble du prénom, que nous soumettons à un vote familial. Notre petit garçon s'appelle Raphael, un prénom aussi doux que lui.

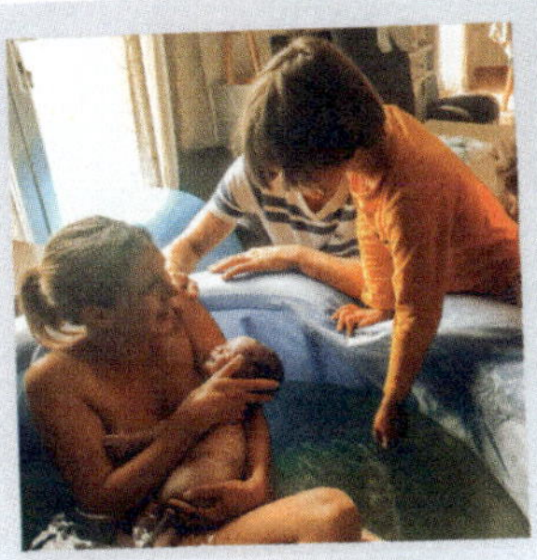

Naissance de Raphael

Dans le camping-car

## L'importance de la famille

Au moment où je tiens Raphael dans mes bras, que je découvre son petit visage, l'amour m'envahit. Je suis dans une bulle d'ocytocine, cette hormone de l'attachement présente au moment de l'accouchement. Quelques jours plus tard, j'ai puisé dans mes réserves. Je suis mal, j'ai des vertiges, je suis très anémiée, je me déplace avec la poussette dans la maison car j'ai peur de tomber avec lui. Mon état physique est au plus bas. Les premiers jours, je n'arrive pas à me connecter à mon nouveau-né, mon corps réclame du repos. Quelques jours après la naissance, je m'effondre en larmes, de fatigue. J'ai l'impression d'être nulle. Clément a repris le travail trois jours après mon accouchement. C'est la première année de son nouveau travail, il n'a pas de congé cet été et il garde le congé paternité pour que nous puissions partir tous ensemble pendant les grandes vacances. Avec le recul, je me dis que j'aurais eu besoin de lui à ce moment-là et tant pis pour les vacances.

Ma maman me rend visite. Ma grand-mère vient des Pays-Bas. Je suis contente de la voir et de lui présenter mon enfant. Je suis d'autant plus émue que mon grand-père est décédé pendant ma grossesse. Nous avons donné son prénom comme deuxième prénom de Raphael. Nous nous retrouvons tous chez mes parents avec mes sœurs, Marie-Claire de retour de Nouvelle-Zélande, Anne-Fleur venue pour l'occasion et mon frère. Quelle joie d'être de nouveau réunis.

Raphael est un bébé calme, nous sommes très fusionnels lui et moi. Il sourit tout le temps, un rayon de soleil. L'été arrive et nous allons passer 15 jours dans les Pyrénées avec le camping-car. C'est le tout premier road trip de Raphael qui a deux mois. J'ai bien récupéré, nous respirons, nous sommes heureux de partager des moments à cinq. Pour l'instant, nous ne pensons pas à repartir voyager, l'envie reviendra peut-être plus tard. Chaque chose en son temps, respecter le rythme de la jeune maman est important.

Clément reprend le travail. Pendant les vacances de février, quelques mois avant le premier confinement, je traverse la France seule avec le camping-car et mes trois enfants, direction l'Alsace, chez ma sœur. C'est une nouvelle aventure que je partage avec eux ; Martin et Rose sont très fiers de m'aider. Ensemble nous sommes capables de tout.

## Apprendre à savourer le moment présent

En janvier 2019, alors que nous sommes rentrés de Colombie depuis moins de six mois, les médecins ont diagnostiqué à mon père un cancer stade 4. Pour eux, il ne passera pas l'année. Il a alors 58 ans, il a toujours été en forme, c'est le choc. C'est un plongeon dans l'angoisse, particulièrement pour ma maman et mon frère de 13 ans.

Il décide de se battre. Il fait une chimiothérapie, une radiothérapie, ses cheveux deviennent très blancs, il ne les perd pas. On dirait qu'il a pris 20 ans en quelques semaines. Nous allons le voir souvent avec Raphael qui est tout bébé. Il nous dit à quel point cela lui fait plaisir de le voir. « C'est mon médicament », me dit-il. La radiothérapie se poursuit jusqu'à la limite de ce qu'il peut supporter. Avec Clément et mes sœurs, nous sommes choqués par la violence des traitements.

Alors que nous osons à peine espérer que mon père puisse gagner quelques mois de plus avec nous, un miracle se produit, la maladie est en rémission. Nous avons peur d'y croire mais chaque nouveau rendez-vous de contrôle confirme le résultat. Ses cheveux redeviennent petit à petit poivre et sel, je retrouve les traits de mon papa, il fait à nouveau son âge, il se sent de mieux en mieux. C'est impressionnant. Nous ne pensions pas qu'il puisse redevenir lui-même physiquement et pourtant c'est ce qui arrive. Il gardera quelques séquelles de ses traitements, mais comme il me dit, « si c'est le prix à payer, ce n'est pas bien grave ».

Cette expérience m'apprend que la vie est courte. J'apprends à lâcher sur les petites choses, à faire preuve de plus de détachement. On apprécie encore plus les belles choses. On entend souvent : « Je ne sais pas si c'est le bon moment pour... », mais cette expérience m'enseigne que la vie ne tient qu'à un fil et qu'il faut en profiter dès qu'on le peut. Personne ne sait de quoi demain est fait, repousser nos projets au lendemain c'est aussi risquer de ne jamais les réaliser. Lorsque nous sommes partis en Amérique du Sud, nos parents étaient encore très jeunes, jamais on n'aurait pensé qu'on serait confrontés à la maladie si tôt. Il n'y a pas de moment parfait, allez à la rencontre de vos rêves quand vous sentez l'appel. Vous ferez peut-être face à quelques difficultés, mais c'est aussi ça vivre, et vous en sortirez grandi. Rêvez, osez, passez à l'action. N'attendez pas qu'on vous donne l'autorisation ou qu'on fasse à votre place, provoquez ce que vous espérez de la vie, peu importe qu'il s'agisse d'un premier vol en avion ou de faire un tour du monde, de réduire son temps de travail ou de lancer sa propre entreprise, de déménager ou de commencer une activité de loisir qui vous attire.

## La mère parfaite est malheureuse

Je décide de prendre un congé parental. À la naissance de Raphael, je reste donc avec lui à la maison. Ni Clément ni moi ne voyons les premières années de notre petit garçon autrement. Comme pour la plupart de nos choix de vie, nous sommes sur la même longueur d'onde et c'est très appréciable. Clément est heureux que je puisse profiter de Raphael, être présente pour Martin et Rose le soir et pendant les vacances scolaires, ça nous apporte liberté et flexibilité. De son côté, il aime partir travailler le matin et n'envie pas ma place avec les enfants à la maison. Nous sommes chacun bien à notre place. Parfois, je vis mal le regard de la société sur mon statut de maman au foyer, mais lui me redonne confiance : « Nos enfants ont tellement de chance de t'avoir avec eux, tu fais un travail de dingue que je ne pourrais jamais faire. »

Raphael est un petit garçon si doux, nous sommes en parfaite harmonie tous les deux. Je suis si heureuse et si reconnaissante à la vie de m'avoir offert ce bébé plein de sourires. Il est toujours satisfait, jamais grognon, c'est un bonheur de passer mes journées avec lui.

En parallèle se développe toutefois un effet pernicieux du congé parental. Comme je suis à la maison et que Clément travaille, j'ai l'impression que je dois tout gérer, que je lui « dois » ça. Clément ne formule jamais quoi que ce soit en ce sens, mais cela devient quasiment une obsession dans laquelle je m'épuise. Outre m'occuper de mon nourrisson, je m'impose de tenir parfaitement la maison, de ranger, faire le ménage, d'avoir le frigo toujours plein, le linge propre et rangé, etc. Avec trois enfants dont un bébé, c'est mission impossible, mais à ce moment-là, je n'en ai pas conscience. J'intériorise ces phrases renvoyées par la société : « Tu es en congé parental, mais tu fais quoi de tes journées ? » Je m'y contrains inconsciemment, je veux juste être à la hauteur car je ne travaille pas.

Avec l'emploi du temps instable de Clément, je me dis que je ne peux pas dégager une heure périodique pour faire du sport par exemple, je m'arrête à ce critère de régularité. Avec les horaires d'école, je n'ai pas le temps de voir mes amies qui habitent à deux heures d'ici. Je ne craque pas mais arrive un moment où je sens que je n'en peux plus. Je comprends que je suis malheureuse, et que cela n'est bon ni pour mes enfants, ni pour mon couple, ni pour moi. Au bout du rouleau, on ne peut plus s'occuper de personne. C'est l'image bien connue du masque à oxygène de l'avion : dans les consignes de sécurité, on nous rappelle que l'adulte doit d'abord mettre son propre masque, avant de placer celui de l'enfant. Si on essaie de mettre d'abord celui de l'enfant, on risque fort de ne pas y arriver et donc de nous condamner tous les deux.

C'est une prise de conscience profonde. La mère parfaite est malheureuse. S'occuper d'un bébé est une activité à temps plein, intense. Une maison dans laquelle des enfants grandissent est vivante. C'est se condamner à l'échec, à l'épuisement et à l'insatisfaction permanente que de vouloir la garder parfaitement rangée et propre. Personne ne sait de quoi demain sera fait, alors lâchons prise. Le ménage, le rangement, le linge, la cuisine peuvent attendre, passons plus de temps de qualité ensemble à créer des souvenirs. C'est aussi une leçon pour nos enfants de voir que nous avons tous des failles et des limites, et que cela fait partie de la vie. Osons dire : j'ai besoin de temps pour moi, je suis fatigué(e), je suis perdu(e).

Désert des Bardenas,
Espagne, 2019

## L'allaitement comme une évidence

Au milieu de ce post-partum chaotique, je retrouve cet appel naturel vers l'allaitement. En 2012, lors de la naissance de mon aîné, j'avais cette confiance dingue en mon corps. Je ne sais pas d'où cela venait, c'était comme une conscience intérieure purement instinctive. Lorsque Martin est né, je l'ai tenu en peau à peau et il a tout de suite tété. J'ai eu de la chance, je n'ai pas eu de douleur ni de souci et j'ai été accompagnée par une sage-femme libérale qui m'a recommandé un allaitement à la demande, ce qui m'a permis de suivre librement mon intuition.

Depuis mon premier bébé, je milite pour la banalisation de l'allaitement. Au début, lorsque j'allais chez des proches, ils me proposaient systématiquement de m'isoler pour allaiter. Cela partait d'un bon sentiment, pour que je me sente à l'aise, mais en même temps, je ne l'étais pas. Cette exclusion m'était désagréable. On donne juste à manger à son enfant, alors où est le problème ?

De même, allaitons le temps que nous en avons envie ! Alors que Martin avait six mois, je me rends dans la pharmacie du village pour acheter des tisanes d'allaitement. Et là, la pharmacienne me dit : « Vous n'êtes pas obligée de l'allaiter, vous savez. Donnez-lui un biberon ! On n'est plus en 1800 ! » J'avais 21 ans, je n'ai pas osé lui répondre. J'étais fière de mon allaitement et en même temps, cette petite phrase d'une professionnelle de santé a instillé le doute. Aujourd'hui, mon avis est plus ferme : si j'ai envie de donner un biberon à mon bébé ou si j'ai envie de le nourrir au sein, si ça convient à moi et à mon bébé, ça ne regarde que moi.

Chaque enfant est différent, et mes histoires d'allaitement le sont aussi. J'ai choisi d'arrêter l'allaitement de Martin quand il avait dix mois, j'avais du mal avec le regard des autres alors qu'il grandissait. Avec Rose, j'ai décidé de me laisser porter, sans me mettre de pression et de voir où cela nous mènerait toutes les deux. Je l'ai allaité deux ans et demi, jusqu'au point où j'ai eu envie d'arrêter et où je l'ai sevrée. Avec Raphael, l'allaitement est fluide et naturel, malgré la fatigue du départ.

## Un confinement qui nous ouvre les yeux

Raphael a dix mois lorsque le premier confinement est annoncé. Le magasin où Clément travaille ferme ses portes. La période est difficile pour

beaucoup, pleine d'incertitudes et d'angoisses, mais pour notre famille, elle est synonyme d'une harmonie retrouvée. Pendant deux mois, nous nous retrouvons tous les cinq, nous sommes heureux de passer nos journées ensemble, comme en vacances. Raphael et Clément ont le temps de se découvrir et de créer des liens. Il fait beau, nous jouons dans le jardin, Clément bricole le camping-car, nous nous remettons à faire des vidéos pour notre chaîne YouTube. La seule chose qui nous manque, c'est de pouvoir bouger.

Le confinement sert de révélateur, nous nous rendons compte à quel point notre mode de vie s'est éloigné de nos aspirations. Avec ce repos forcé, nous profitons du temps qui est à nouveau disponible. Nous constatons que nous avons déconstruit la liberté que nous étions allés chercher en Amérique du Sud. Clément a l'impression d'avoir fait le tour de son poste, ses horaires nous pèsent. La prise de conscience est là, nous cherchons d'autres opportunités, ailleurs. Je veux bouger, je ne me sens pas bien ici. Je n'arrive pas à me faire à notre vie au village. Il y a beaucoup de vent, il me semble loin de tout, le fait de prendre la voiture dès que je veux me rendre quelque part est contraignant. La vie y est monotone, trop calme après les voyages extraordinaires que nous avons faits. J'ai l'impression de ne pas avoir réussi à me réacclimater.

Côté scolaire, le confinement est aussi déclencheur de changement. Martin est en CE1, il ne lit pas et je crains qu'il ne prenne du retard. Pendant le confinement, nous lui faisons travailler la lecture à partir des ressources du CNED mises à disposition par l'Éducation nationale et le déclic arrive. Nous sentons que Martin a besoin d'un coup de pouce pour certains apprentissages vers lesquels il va moins naturellement et nous nous demandons si l'école Montessori convient à sa personnalité. Ce n'est pas facile pour nous de faire ce constat, voilà deux ans que nous faisons des sacrifices financiers, il s'est fait des amis, il s'est acclimaté. Mais la décision de le mettre dans cette école était la nôtre, nous nous rendons compte que cela ne va pas, donc nous décidons de ne pas rester dans cette situation. Nous inscrivons Martin et Rose dans l'école publique du village dès la fin du confinement. Acceptons de nous remettre en question, de renoncer quand nous sentons que quelque chose ne va pas. C'est en essayant que l'on apprend. Parfois, cela fonctionne bien, parfois moins. Mais si l'on n'essaie pas, si l'on n'agit pas, comment le savoir ?

À l'occasion d'un week-end prolongé début juin, nous partons avec le camping-car dans les gorges du Verdon. Nous sommes époustouflés par la beauté de ce canyon tout près de la maison. Nous en profitons à fond, nous retrouvons des amis sur place, nous admirons le bleu extraordinaire de la rivière. On a parfois l'impression qu'il faut partir à l'autre bout du monde pour en profiter, alors que notre pays et les pays voisins regorgent de coins splendides que nous ignorons ! Nous avons l'impression de revivre. Après le confinement, quel bonheur de se baigner dans le lac, dans la rivière, de dormir en pleine nature, de randonner, de vivre dehors.

Quelques semaines plus tard, je fais un test de grossesse qui est positif. Pendant le confinement, l'envie d'un petit dernier avait fait surface, la fratrie sera bientôt au complet. Il va falloir changer le camping-car qui n'a que cinq places ! Nous commençons à rêver d'un nouveau voyage. Le cap Nord, le point le plus au nord de l'Europe, au-delà du cercle polaire, nous attire comme un aimant. Nous pouvons partir de chez nous directement avec le camping-car. Nous allons avoir besoin d'au moins deux mois pour ce parcours, et Clément sait qu'on lui refusera de poser un congé aussi long.

Pendant l'été, nous testons notre nouveau camping-car six places pendant plusieurs semaines. Nous passons par l'île de Noirmoutier, Saint-Gilles-Croix-de-Vie, les Landes. Nous sentons l'énergie et l'enthousiasme revenir. La grossesse se passe très bien.

Dans cette nouvelle dynamique, je décide à la même période de changer le nom de mon compte Instagram. J'ai désormais 39 000 abonnés, et le nom « Raised on the Road » ne convient plus. Nous n'avons pas prévu de repartir pour un périple au long cours, les enfants sont scolarisés de manière classique, nous sommes sédentaires. Je choisis « Jill et sa tribu », je trouve que ça nous convient bien, c'est plus juste, plus représentatif de ce que j'y propose. Ainsi, je parle de plus en plus de parentalité à côté de nos vadrouilles, et de plus en plus de mamans et de familles s'intéressent à ce nouveau contenu. J'aime toujours autant cet esprit de partage et j'y consacre de plus en plus de temps.

Lors de la reprise de l'école, Martin et Rose s'adaptent vite. Ils veulent aller à la cantine, sont enthousiastes, se font de nouveaux copains. Nous sommes fascinés par leur capacité d'adaptation, en partie développée pendant le voyage en Amérique du Sud. Tous les jours ou presque, nous changions d'endroit et ils se sont habitués à faire de nouvelles connaissances. Ils sont aussi à l'aise pour raconter leur voyage, ce qui fait que les autres enfants s'intéressent à eux, posent des questions, créant ainsi facilement un lien.

## Un nouveau déménagement pour plus de bien-être

Les recherches d'emploi de Clément portent leurs fruits et une opportunité professionnelle se présente à Toulouse. Nous sommes tentés mais nous avons un instant d'hésitation. Martin et Rose viennent de changer d'école, nous nous sommes installés il y a deux ans seulement. Cela ne fait-il pas trop d'instabilité ? En même temps, est-ce que nos enfants peuvent être heureux si leurs parents ne le sont pas ? Nous n'avons pas d'attache ici. Il accepte.

Clément est quelqu'un de très optimiste, il a une grande capacité d'adaptation, tout en étant heureux avec peu. Dès qu'il y a un souci, même petit, il recherche immédiatement les solutions. Il veut comprendre, fait des suggestions, cherche comment résoudre le problème. C'est à mes yeux une grande force, car elle nous permet de ne pas nous maintenir dans une situation insatisfaisante.

La crise du coronavirus reprend de plus belle, le second confinement est proche. Je suis enceinte de six mois et je préfère déménager maintenant plutôt qu'avec un nouveau-né. Nous visitons deux maisons et la décision est simple, l'une convient, l'autre pas du tout. Heureusement, le dossier est accepté. Nous déménageons dans la précipitation, en plein confinement.

L'école maternelle, l'école primaire et le collège sont à moins de cinq minutes à vélo, nous sommes dans la dynamique métropole toulousaine qui dispose d'un aéroport (je suis désormais à une heure de ma sœur en avion !), l'offre médicale est adaptée. Je peux me déplacer facilement à pied ou à vélo pour répondre à nos besoins quotidiens. Pour les enfants, la découverte de la nouvelle école du quartier est une excellente surprise. Ils s'intègrent immédiatement, sont vite invités par de nouveaux copains que nous invitons à notre tour. Nous faisons plein de nouvelles connaissances et sympathisons rapidement. L'école est vivante, de nombreuses sorties sont proposées. Les enfants intègrent l'école de musique. J'en ai rêvé et nous y sommes. C'est idéal pour nous, je n'ai plus cette impression d'être un taxi. Cela valait le coup de sauter le pas. Malgré le déménagement, je ne me sens pas fatiguée, la grossesse est parfaite, j'ai même l'impression qu'elle me donne de l'énergie.

Raphael avait 13 mois lorsque je suis tombée enceinte de Sarah. La poursuite de l'allaitement s'est bien passée, je n'ai pas eu de douleur – je sais que pour d'autres mamans, cela peut être trop douloureux de continuer. Au début du troisième trimestre, il se désintéresse naturellement du sein, le goût du lait change, il évolue en colostrum pour s'adapter au nouveau-né qui va bientôt arriver. C'est mon meilleur sevrage jusqu'à présent car il est à l'initiative de l'enfant et tout en douceur.

## Une arrivée comme un boulet de canon

Ce n'est qu'en retombant enceinte que j'ai compris que lors de mon accouchement précédent, j'avais failli mourir. J'angoisse et je fais une fixation pendant toute la grossesse. Je veux accoucher physiologiquement mais je ne veux pas le faire chez moi. Je cherche une sage-femme qui travaille sur plateau technique, c'est-à-dire qu'elle supervisera seule mon accouchement, non médicalisé, dans une salle dédiée à l'hôpital. C'est une chance d'être sur Toulouse, je trouve assez facilement.

Nous sommes fin février, la date de terme est proche. Il est minuit (encore !) et je me sens bizarre. Je sens des gouttes de liquide couler lorsque je me lève. Je préviens ma sage-femme par texto que j'ai fissuré la poche des eaux mais que je n'ai pas encore de contractions. Elle passe m'examiner vers 3 heures du matin et m'annonce que je ne suis qu'à 3 cm de dilatation. Elle me conseille de me coucher et de refaire le point au réveil. À 7 heures, la situation a peu évolué, j'ai de légères douleurs mais j'en suis toujours à 3 cm. Elle rentre chez elle. De mon côté, j'envoie un message à Adeline, mon amie qui s'occupera des enfants : « Clément te les amène vers 11 heures. » Je suis contente mais trop confiante... Nous prenons le petit déjeuner et je retourne me coucher, il est 7 h 30. Soudain, à 8 h 15, une douleur folle me submerge. Les contractions sont violentes, je n'arrive pas à les accueillir. Elles arrivent trop brutalement, mon corps n'a pas le temps de s'y faire. Normalement, les contractions commencent doucement et montent *crescendo,* ce qui permet au corps de s'y adapter au fur et à mesure. En réalité, j'ai des contractions dignes d'une fin d'accouchement alors que ce n'est que le début ! Clément est en train de passer l'aspirateur, je crie pour qu'il me rejoigne vite, que le bébé est en train d'arriver. Je suis dans tous mes états, lui ne me prend pas au sérieux au début. Il y a une heure, j'étais à 3 cm, je venais de manger, je n'en étais qu'au début du travail. C'est un samedi matin, les enfants n'ont pas école. Martin, Rose et Raphael jouent dans leur chambre. Clément enchaîne les coups de fil à la sage-femme, à l'amie pour qu'elle récupère les enfants en urgence. Il s'occupe des enfants, met la musique à fond car cette fois-ci, sous la force des contractions soudaines, je ne peux m'empêcher de faire du bruit. Je suis encore en pantalon quand d'un coup j'ai envie de pousser. C'est la panique, je veux accoucher à l'hôpital, mais je comprends que je n'ai pas le choix. Je sens la tête du bébé. Mes angoisses m'envahissent, j'ai tellement peur mais mon instinct prend le dessus, ce bébé doit sortir coûte que coûte. C'est à nouveau la désespérance. Je suis par terre, accroupie, appuyée sur mon lit. Je commence à pousser pour me soulager, mais pas trop car je veux que la sage-femme soit là quand bébé arrivera. Elle arrive en catastrophe quelques minutes plus tard. Dès qu'elle est là, je pousse une fois et la tête sort. Je pousse une seconde fois et le corps suit. C'est une petite fille en pleine santé que j'attrape moi-même. Quelle puissance je ressens en cet instant… C'est au-delà des mots, l'émotion m'envahit encore en y repensant.

Pendant les deux heures suivantes, je suis sous surveillance rapprochée. Adeline est arrivée quelques minutes après la naissance de Sarah, elle s'occupe des enfants pendant que Clément est avec moi et que la sage-femme me prodigue les premiers soins. Je lui demande régulièrement : tu es sûre que tout va bien ? Je n'arrive pas à croire que tout s'est bien passé. Puis les enfants nous rejoignent. À cet instant, je sais que la famille est au complet, ce bébé est la dernière pièce du puzzle. Je ne peux pas l'expliquer, c'est un sentiment qui part du plus profond de moi. La rencontre des enfants avec Sarah est magique, d'autant qu'avec la covid, les visites ne sont pas autorisées à l'hôpital, même pour les frères et sœurs. Quelle chance extraordinaire de pouvoir accueillir son enfant avec toute la fratrie, de découvrir ce nouveau-né tous ensemble, tout de suite ! Nous savourons cette harmonie d'autant plus qu'elle n'était pas prévue.

C'est l'accouchement dont je me remets le plus facilement. Je me sens bien physiquement, je me sens moi-même. Sarah va très bien. Je suis sur un nuage avec ma petite fille.

## Un quatrième bébé, un nouveau tsunami

Je pensais que l'arrivée de Sarah se ferait en douceur, que j'étais rodée. Avec trois enfants, tout coulait de source. Raphael faisait de bonnes siestes et j'avais du temps pour moi l'après-midi. En réalité, chaque naissance provoque un bouleversement. Les enfants ont tous leur propre tempérament, ce qui marche avec l'un ne marche pas nécessairement pour l'autre. Quand on croit avoir compris quelque chose, l'enfant grandit et il faut à nouveau faire preuve de créativité. C'est un processus de réadaptation perpétuel !

L'arrivée de Sarah est un énorme chamboulement, sa naissance intense est à l'image de ce qui suit. Je n'arrive pas à terminer une action, je suis obligée de lâcher prise, je n'arrive même pas à penser à gérer la maison. C'est un joyeux chaos ! Sarah est très en demande, crie dès qu'elle me voit, s'accroche à mes jambes, me fait comprendre qu'elle veut être dans mes bras. Je n'ai jamais connu ça aussi intensément avec mes autres enfants.

Si j'avais fait face à cela avec mon premier enfant, je pense que j'aurais été complètement décontenancée. Lorsqu'on est enceinte, il est facile de rêver du bébé parfait et d'une relation harmonieuse et sans heurt. Un vrai bébé est plus complexe que celui des fantasmes et des publicités. Face à ses réactions parfois très intenses, les émotions se bousculent : impuissance, doute, parfois colère ou tristesse. On découvre l'ambivalence propre à la parentalité, des moments où on est en adoration devant notre nourrisson si mignon à ceux où nous nous sentons désemparés face à ses hurlements.

## On ne naît pas parent, on le devient

On a le droit d'avoir peur, de ne pas savoir faire. Avec le suivi de grossesse hypermédicalisé de Raphael et toutes les hypothèses formulées par les médecins, je ne peux m'empêcher d'observer son développement via ce prisme. Il était un peu plus lent que Martin et Rose en termes de développement moteur et je me rends compte que je projette les peurs de ma grossesse sur lui. On a tendance à focaliser sur ces grands moments, s'asseoir seul, marcher sans appui, etc., à comparer les enfants, mais chaque enfant se construit différemment. Dans le cas de Raphael, je constate qu'il a développé un langage riche beaucoup plus tôt et surtout il va très bien, c'est un petit garçon épanoui et joyeux. Respectons les rythmes de chacun. Et écoutons-nous, aussi, si nous avons l'impression que quelque chose ne va pas, car personne ne connaît nos enfants mieux que nous.

## À la rencontre d'un nouveau métier

J'aime m'occuper de mes quatre enfants, être auprès de Sarah et Raphael au quotidien, et je le partage sur Instagram. J'ai envie de montrer que ce n'est pas parce qu'on est parent qu'on ne peut plus rien faire, au contraire ! 50 000 personnes m'y suivent, c'est fou. Cela fait quelque temps que je commence à recevoir des propositions via mon compte, ce qui était un loisir devient petit à petit un travail. Jusqu'à présent, les revenus étaient assez instables mais je sens que quelque chose change. Les belles expériences et les opportunités se multiplient. J'y passe de plus en plus de temps, c'est un vrai travail, l'aboutissement de plusieurs années d'implication. Je suis reconnaissante à la communauté qui me suit, aux échanges riches que nous pouvons avoir, les conseils et les ressources qu'elle partage avec nous.

De son côté, Clément ne s'épanouit pas dans son nouveau travail, il s'y sent limité, enfermé. Son statut de salarié est difficile pour nous qui avons cherché l'indépendance. Il nous est pesant de demander la permission pour tout, d'être dépendant du nombre de congés payés alors que l'envie de voyages plus longs refait surface. Après beaucoup d'hésitations car cela représente un gros risque, Clément pose sa démission. Nous avons encore des économies de côté qui nous rassurent et nous permettent de faire ces choix radicaux. En attendant le prochain projet professionnel, nous pouvons compter sur mon activité qui commence à décoller. Je la vois comme incertaine, mais nous comprenons que si ça ne marche pas, Clément pourra rapidement retrouver un poste.

Nous sommes libres, nous avons le temps et nous décidons de nous lancer à l'assaut du cap Nord à la fin de l'année scolaire. Nous en rêvons depuis un an... Clément bricole le camping-car, il se remet à faire des vidéos YouTube, nous commençons à imaginer l'itinéraire de plus de 10 000 km.

Naissance de Sarah

Toulouse 2021

Fratrie au complet

CAP NORD
11
12
GRYLLEFJORD
Andenes
îles LOFOTEN
10
Narvik
13
ABISKO
SVOLVÆR
9
14
BODØ
8
JOKKMOKK
7
Storforsen
SUÈDE
ROUTE DES TROLLS
15
17
TRONDHEIM
6
SKULESKOGEN NATIONAL PARK
16
Åndalsnes
OPPDAL
5
SUNDSVALL
FINLANDE
19
18
NIGARDSBREEN
LOM
4
Mora
Bergen
NORVÈGE
20
3
21
SMÖGEN
2
HIRTSHALS
Göteborg
RÅBJERG MILE
22
DANEMARK
23
1
Aarhus
TRELLEBORG
COPENHAGEN
La
SCANDINAVIE
DÉPART DEPUIS TOULOUSE

# Objectif cap Nord

## Prévoir un voyage en plein covid : ne pas renoncer et accepter l'incertitude

Deuxième année de covid, les réglementations sont instables et différentes d'un pays à l'autre. Nous ne savons pas si nous allons réussir à atteindre le cap Nord mais nous acceptons l'idée qu'il faudra peut-être changer nos projets en cours de route. Ce qui compte à nos yeux, c'est de passer du temps ensemble, de couper avec la routine. La phrase « il n'y a pas de moment parfait » n'a jamais été aussi juste. Nous ne voulons pas attendre que la situation se stabilise car nous ne savons pas si elle se stabilisera un jour. Nous apprenons à composer au quotidien avec cette incertitude, et nous refusons d'arrêter de vivre.

Nous imaginons un itinéraire parcourant une partie de la Scandinavie, entre la Suède et, nous l'espérons, la Norvège, bien qu'au moment où nous planifions le voyage, sa frontière soit encore fermée aux voyageurs. J'avais souffert du manque d'organisation en Amérique du Sud et je me promets de faire différemment cette fois-ci. Mais entre Sarah qui est un bébé de quatre mois, Raphael qui a deux ans, les devoirs de Martin et Rose à superviser, le camping-car à préparer, nous n'avons pas le temps. Nous allons donc improviser en partie !

## C'est reparti !

Début juillet, nous montons donc à six dans le camping-car avec Iris et Iago. Nous allons prendre un bateau à Rostock, en Allemagne, qui accostera cinq heures plus tard à Trelleborg, en Suède. C'est le meilleur compromis entre situation covid, temps de trajet et coût. Pour que la traversée se passe le plus agréablement possible pour les enfants, nous avons réservé une petite cabine avec des lits superposés. Nous sommes à l'étroit avec les chiens, mais par rapport au camping-car, c'est spacieux ! Lorsque nous montons sur le pont, la mer s'étend à perte de vue, nous ne voyons plus la terre. Les enfants sont impressionnés. Côté budget, cela nous revient à 250 € pour le véhicule, la cabine à cinq (plus un bébé) et les repas.

Ça y est, nous sommes en Suède ! La joie d'être à nouveau en road trip nous envahit, ainsi que l'excitation de découvrir un pays inconnu. Nous prenons la route qui longe la côte ouest. Il fait beau, nous avons de la chance. Nous prenons notre temps, nous visitons des petits villages typiques et touristiques avec leurs maisons en bois si colorées de la côte du Bohuslän. La température de la mer nous étonne, nous pouvons nous baigner ! C'est une agréable surprise. Au cours de cette première semaine, Martin souffle ses neuf bougies dans le camping-car dans une atmosphère joyeuse.

Il reste encore plus de 2 000 km avant le point d'arrivée. Nous commençons à rentrer dans les terres et découvrons des lacs immenses et des forêts denses. C'est le paradis pour nous ! Nous retrouvons la liberté des grands espaces de l'Amérique du Nord que nous adorons. Nous croisons deux élans sur le bord de la route, des renards. Le pays est parfaitement adapté à notre mode de voyage, nous trouvons partout à nous approvisionner en eau et vider les toilettes. Il n'y a pas d'interdictions de stationner tant qu'on respecte les lieux et nous bivouaquons en pleine nature. Les abords des lacs accueillent souvent des cabanons pour se mettre à l'abri, des tables de pique-nique, des lieux dédiés pour faire du feu, parfois même des saunas publics. Le pays possède une véritable culture de l'extérieur avec un grand respect de la nature. La seule chose qui nous a vraiment étonnés, c'est de voir des personnes se laver dans le lac, savon et shampoing comme dans un bain ou y faire leur vaisselle !

Un soir alors que nous ne savons pas où nous arrêter, nous prenons au hasard une petite route qui mène à un lac. Le lieu est idyllique malgré les moucherons piqueurs qui envahissent la zone. Dès le lendemain, nous allons acheter des chapeaux avec moustiquaires dans un magasin d'articles de pêche. Ça deviendra le fou rire de notre voyage. Nous sommes subjugués par les teintes du ciel le soir, avec le soleil qui se couche si tard, nous n'avons jamais rien vu de tel. Clément me dit : « Nous sommes en train de passer le meilleur moment du voyage. » C'est vrai. Je crois que nous aurions pu passer plusieurs semaines ici. Nous y trouvons la tranquillité, la nature et la paix que nous sommes venus chercher.

Le lendemain matin, nous rencontrons une famille suédoise en vacances qui campe aussi sur le lac, dans une petite cabane rouge typique. Martin et Rose ne parlent ni suédois ni anglais mais ils se lient d'amitié immédiatement avec les enfants, communiquant avec les mains, jouant au foot tous ensemble. Rose, qui n'aime pas ce sport, prend soudainement plaisir à courir derrière le ballon. Les jeunes Suédois montrent à Martin et Rose comment reconnaître les myrtilles sauvages. Nous nous régalerons de la cueillette de fruits rouges jusqu'à la fin du voyage. Les enfants s'amusent, nous discutons en anglais avec la maman qui partage avec nous de nombreux conseils sur la région, notamment un parc municipal non loin d'ici qu'elle appelle « parc de trolls ». Avec ses sculptures en bois impressionnantes, les enfants sont ravis. Nous serons d'ailleurs en admiration devant les incroyables espaces de jeux pour enfants, riches en toboggans, installations pour grimper, balançoires, etc. partout en Suède.

Nous faisons quelques visites au gré de nos envies et de l'énergie des enfants. Nous voulons absolument faire une randonnée au parc national de Skuleskogen qui est réputé pour sa beauté. C'est la toute première randonnée de Sarah. Nous avons des porte-bébés pour les deux plus jeunes, ce qui nous permet d'y aller tous ensemble. Afin d'en profiter à fond, nous nous mettons le réveil tôt pour pouvoir être sur le sentier avant le flot des touristes. Nous sommes en forme et nous montons plein d'entrain dans le bus repéré la veille. Sauf qu'arrivés sur place, ce n'est pas le bon endroit ! Il nous faut reprendre le bus en sens inverse. Le crédit motivation/énergie/concentration des enfants est bien entamé. Lorsqu'enfin nous commençons la randonnée, nous nous retrouvons à la queue leu leu derrière d'autres randonneurs, en pleine heure de pointe, ce que nous tentions d'éviter. C'est splendide, mais l'ambiance n'y est pas, les enfants râlent. Cela me rappelle qu'il faut se méfier des attentes trop longues. Il n'est pas toujours possible de suivre un programme avec des enfants et leur énergie déteint sur notre humeur. Nous avons nos bons jours et nos moins bons, les enfants aussi.

## La vie en camping-car avec deux tout-petits

Sarah a quatre mois lorsque nous arrivons en Suède. C'est la première fois que nous voyageons aussi longtemps avec un petit bébé mais nous abordons ce voyage avec confiance. Nous sommes maintenant bien rodés côté voyage en véhicule aménagé ! Le camping-car est confortable. Prévu pour six personnes, il compte un grand lit pavillon pour Clément et moi à l'avant, des lits superposés et un lit dînette (qu'il faut faire et défaire chaque jour). Pour Sarah, j'ai prévu un berceau en rotin. Au final, il est trop volumineux et finira par nous agacer en cours de séjour car nous ne savons jamais où le poser lorsque Sarah ne dort pas dedans. Nous aurions mieux fait de prendre un lit parapluie, d'autant que Sarah se met soudainement à grandir et elle est à l'étroit dans son berceau les dernières semaines.

Contrairement à ce qu'on pourrait penser, lorsque Sarah se réveille la nuit pour téter, les autres enfants ne se réveillent pas et pourtant nous dormons tous dans 12 m². Peut-être parce que nous craignons qu'elle les dérange, Clément et moi nous réveillons au moindre bruit de Sarah. Je l'allaite à volonté, elle n'est pas encore diversifiée et il faut dire que ça m'arrange côté logistique.

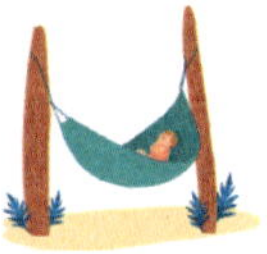

En journée, je porte Sarah en écharpe au début du voyage et en porte-bébé à la fin (j'ai pris les deux, je ne sais pas voyager léger même si Clément me freine pas mal !). Ou nous la mettons dans sa poussette où elle s'endort très facilement. C'est une habitude qu'elle prendra pendant le voyage et nous n'avons aucun mal à la poser dans son berceau par la suite. Raphael, qui a deux ans, a lui aussi besoin de siestes. En fonction du programme du jour, il s'endort dans le porte-bébé, son lit, le siège-auto ou même dehors dans le hamac suspendu entre deux arbres !

J'ai prévu une petite baignoire pliable. Grâce au chauffe-eau du camping-car, nous pouvons baigner Sarah et Raphael facilement. Ils adorent patauger en fin de journée ! En revanche, ce n'est pas tous les jours, on ne peut pas se le permettre car doucher six personnes réduit drastiquement les réserves d'eau. Nos cuves peuvent stocker 120 litres d'eau propre, nous devons faire attention à notre consommation.

Raphael gagnera énormément en autonomie pendant ce voyage. Il a l'habitude de partir en vacances en camping-car, il n'est donc pas dépaysé. Il s'adapte parfaitement à la vie sur la route. Je le vois grandir d'un coup, on sent qu'il profite d'être en contact H24 avec les grands, ils l'incluent dans leurs jeux, veillent sur lui. Je me dis qu'avoir des frères et sœurs est un merveilleux cadeau de la vie.

## Au-delà du cercle polaire

Roulant toujours plus au nord, nous passons le cercle polaire. Les températures chutent, le vent se lève et le soleil ne se couche quasi plus. C'est assez déroutant mais ce booster de vitamine D fait un bien fou à notre moral, jamais nous n'avons été aussi motivés en voyage. Nous roulons de préférence le soir, après le repas que l'on prend tôt, vers 18 heures. Ainsi les enfants profitent au maximum de la journée puis ils commencent leurs nuits dans leur siège auto. C'est une heure stratégique afin que chacun soit calme. Lorsque la route est longue, les grands regardent un film sur le lecteur DVD portable que ma maman leur a offert, ou ils écoutent de la musique ou des podcasts pour enfants sur des baladeurs (leur cadeau d'anniversaire !). Souvent, eux aussi dorment, bercés par le mouvement.

Un soir sur la route, après avoir visité le musée des Samis à Jokkmokk, nous voyons les premiers rennes. Nous sommes en Laponie suédoise. Il n'y a pas de circulation, nous nous arrêtons pour les admirer. Voir ces animaux majestueux dans leur élément naturel est extraordinaire pour nous comme pour les enfants.

Nous avons presque oublié l'existence de la covid. En Suède, personne ne porte de masque. Au musée des Samis, nous croisons des Français qui vivent en Suède. Ils nous mettent en garde, la Norvège est en train de fermer ses frontières aux visiteurs non vaccinés, enfants compris. Nous sommes vaccinés, mais pas nos enfants. Nous changeons d'itinéraire pour rejoindre la frontière le plus vite possible.

Côte Bohuslän (Suède)

## Bien arrivés en Norvège

Le passage de la frontière provoque pas mal de stress, nous nous attendons à être refoulés. Les douaniers arrêtent chaque véhicule et vérifient les certificats de vaccination. Ils contrôlent les nôtres mais laissent passer les enfants sans test ni vaccin. Nous avons beaucoup de chance. Nous allons pouvoir atteindre le cap Nord ! Immédiatement, nous sommes entourés de fjords, de petites routes sinueuses et des fameux cabanons rouges. Après une météo idéale sur le début du voyage, nous entrons dans le brouillard et le froid polaire. Nous sortons les bonnets, les pantalons chauds, les manteaux. Déjà en Suède, les sommets étaient enneigés. Nous sommes frustrés de manquer les paysages qui nous entourent, les montagnes perdues dans les nuages et nous saisissons toutes les éclaircies pour les admirer.

La première nuit, nous nous arrêtons près d'une grande rivière avec un pont suspendu. Il y a un endroit pour faire du feu comme souvent. Nous faisons griller des chamallows, nous cuisinons notre dessert fétiche, des bananes au chocolat (en conservant la peau du fruit, couper la banane dans la longueur, placer des carrés de chocolat dessus, mettre sur le feu, puis déguster à la cuillère quand le chocolat est fondu). Nous revenons aux bienfaits premiers du feu de camp : la chaleur, le pouvoir de cuire, mais aussi la convivialité, profiter de la lumière du soir, partager un moment en famille dehors. Nous n'avons besoin de rien de plus.

Il faut encore compter 700 km pour atteindre le cap Nord. Les nuits n'existent plus, le climat est de plus en plus hostile, c'est la partie la plus rude du voyage. Nous traversons des zones arides : pas un arbre, des couleurs ocre, des rennes partout. Nous croisons de temps à autre des villages, mais ils sont rares. Nous savourons ces terres mythiques que l'on voit parfois dans des grands reportages. À cause de la météo, nous ne sortons pas beaucoup. Nous essayons d'adapter l'itinéraire aux prévisions pour nous diriger vers le soleil, mais la météo est trop instable, ça ne marche pas. Les jours de pluie, c'est plutôt musée, restaurant ou nous roulons vers l'étape suivante. Martin et Rose lisent et s'occupent, Raphael est de bonne composition, Sarah est un petit bébé donc cela ne l'affecte pas, mais certains jours sont compliqués.

Contrairement aux Andes, nous avons le chauffage et l'eau chaude, mais Clément n'est pas à l'aise au volant, lui qui a conduit dans des conditions extrêmes. Le vent est tellement puissant qu'il faut tenir fermement le volant pour ne pas être déporté. Les derniers kilomètres sont les plus difficiles. Le climat est si intense que nous ne sortons pas toujours admirer ces paysages extraordinaires : les collines toutes vertes, le bleu glacial de la mer. Nous avons l'impression de les avoir mérités, ces paysages grandioses.

Enfin, nous arrivons là-haut et c'est réellement impressionnant. Nous sentons que nous sommes sur un cap. Le vent a tellement forci que nous ne pouvons même pas aller dehors. Jamais nous n'avons connu de telles conditions. Dès que c'est possible, nous sortons et prenons des photos souvenirs avec les enfants au pied du globe qui marque le site. Là, Martin et Rose se laissent porter par le vent comme dans *Frères des ours*, ils s'amusent.

Le brouillard cache la vue. Sur le coup, nous sommes déçus de ne pas plus en profiter, d'autant que nous avons vu des photos de voyageurs quelques jours auparavant devant un ciel limpide et une vue à couper le souffle. Mais nous y sommes ! Nous avons réussi à atteindre le point le plus haut de l'Europe. Nous l'avons fait tous ensemble, ce voyage qui semblait quasi impossible quelques mois plus tôt, en pleine vague de coronavirus. On ressent de l'euphorie, on chante et on danse, on fait la fête dans le camping-car, la musique à fond. Quelques jours plus tard, la déception passera pour ne garder que ce souvenir d'aventure et de tempête, et la fierté d'avoir été au bout de notre rêve.

Skuleskogen

Cap Nord

Parc national Muddus

Nous passons une mauvaise nuit. Nous avons peur que la tempête endommage le camping-car. D'ailleurs, le lanterneau est un peu abîmé. Le lendemain, nous espérons une éclaircie mais les prévisions météo ne sont pas favorables. Nous préférons donc repartir rapidement pour trouver un endroit moins austère. Même si ce n'est que le milieu des vacances, le chemin du retour commence déjà.

Nous tombons sur un fjord digne d'une carte postale. C'est paisible, l'eau est d'un calme plat, il n'y a personne, il fait froid, Clément, Martin et Rose font une pêche miraculeuse. Alors qu'en Suède, ça mordait difficilement ou pas du tout, ils ramènent plusieurs lieus noirs au bout de quelques minutes seulement. Les enfants sont même déçus que ça morde autant parce que nous leur demandons vite d'arrêter pour ne pas pêcher plus que ce que nous pourrons manger ce soir.

## Fêter mes 30 ans sur les îles Lofoten

Ces îles sont célèbres pour leur côté authentique et pittoresque, et nous avons envie de les découvrir. Cette fois-ci, la météo annonce du soleil dès le lendemain. Pour l'instant, nous sommes en plein brouillard, nous cherchons où nous installer mais nous n'y voyons pas à 3 mètres devant nous. Sur Google Maps, je vois des paysages paradisiaques avec des falaises qui tombent à pic dans la mer. Quand je lève la tête, en revanche, il n'y a rien... Nous nous couchons en espérant que la météo ait raison. Le lendemain, notre smartphone nous indique un grand soleil mais il n'y a rien d'autre qu'une brume épaisse. Sans doute le haut des falaises est-il dégagé, mais pas nous !

Le 30 juillet, je fête mes 30 ans. Le soleil est enfin là ! Après l'âpreté de la nature, j'ai besoin de changer d'environnement et nous nous arrêtons dans une petite ville. Nous nous installons en terrasse avec une jolie vue dégagée, puis je fais un peu de shopping et nous passons à l'office du tourisme. On nous recommande une « promenade familiale sympa ». Nous y allons enthousiastes, mais c'est un vrai parcours sportif avec un dénivelé important ! Heureusement, les enfants sont motivés, ils nous impressionnent. Mais l'effort valait le coup, nous nous émerveillons devant un panorama sur la mer, les îles, les lacs et les falaises. Randonner avec un bébé, c'est tout à fait possible. Selon leur âge, je porte mes enfants en porte-bébé ou en écharpe. Lorsque Martin et Rose étaient petits ou maintenant avec Raphael et Sarah, l'un de nous porte le sac et le plus petit bébé, l'autre porte le grand bébé. Nous n'avons aucun mal à les porter et nous adorons explorer avec eux. Cependant, nous adaptons les randonnées, 10 km c'est notre maximum.

Le soir, nous dînons au restaurant pour célébrer mon anniversaire. J'ai très envie de goûter au fameux « stockfish », la spécialité locale. Une de mes sœurs m'envoie des photos souvenirs de notre enfance. L'atmosphère est joyeuse, nous sommes heureux. Que j'aime fêter mes anniversaires en voyage !

## La route du retour

Nous roulons le soir, profitant du soleil de minuit qui nous donne de l'énergie. Nous aimons la simplicité du road trip, les visites, les rencontres imprévues, les petits coins de paradis en pleine nature que nous découvrons par hasard. Nous nous arrêtons au bord de rivières et de lacs, les chiens ont de quoi se dégourdir les pattes. Les enfants adorent aller chercher de quoi manger dans la nature et nous ramassons des baies en forêt (avec des crêpes, c'est délicieux !). Parfois, nous nous lions d'amitié avec des voyageurs croisés sur les bivouacs, les enfants s'amusent ensemble, nous partageons un repas et surtout de la convivialité. Quelques mois plus tard, nous passerons même un week-end dans les Pyrénées avec Guillaume et Sarah, et Brigitte et Manfred, les deux couples avec lesquels on a bivouaqué dans les Lofoten.

Nous passons par Trondheim, une ville pleine de couleurs. Nous jouons au parc avec les enfants, passons un moment devant la grande cathédrale et sommes sous le charme du quartier Bakklandet, des anciens entrepôts colorés et transformés en appartements et commerces. Nous flânons dans le joli village de Lom traversé par une rivière et connu pour sa belle église en bois et goûtons d'excellents roulés à la cannelle dont j'ai encore le goût en mémoire. Nous rejoignons enfin la route des trolls, réputée pour ses panoramas à couper le souffle. Elle serpente entre les glaciers, pour soudainement rejoindre la mer. Là-haut, tout est enneigé. Les enfants font une bataille de boules de neige en plein mois d'août, Iris et Iago se roulent dedans. Je me souviens de notre gaieté.

Cette route, aussi belle qu'elle soit, a un inconvénient de taille pour notre camping-car, elle est très pentue. Le véhicule est lourd, dans les descentes, les freins sont mis à rude épreuve. Soudain, Clément me dit : « Ça sent très mauvais Jill et les freins ne répondent pas comme il faut. Il y a quelque chose qui n'est pas normal. » En effet, arrive brutalement à mes narines une très forte odeur de brûlé. Il faut s'arrêter. De la fumée sort des roues, impossible de redémarrer, il faut attendre que ça refroidisse. Plus que les paysages enchanteurs, ce sont ces souvenirs-là des imprévus ou des difficultés qui deviennent plus tard plus forts. C'est la fin de journée, loin du point où nous devions dormir, nous sommes au milieu de nulle part, coincés sur le bas-côté de la route, donc nous ne pouvons pas sortir avec les enfants. Mais il faut faire avec les événements. Je me mets à faire du pop-corn, les enfants s'en réjouissent. Nous jouons et nous lisons ensemble pour faire passer le temps. Finalement, cette panne est l'occasion d'une improvisation pleine de bonne humeur. Une fois les freins refroidis, on se reprend la direction de notre prochaine étape, un glacier qu'on peut découvrir à pied.

Voyager en camping-car nous offre de la flexibilité et de la liberté, et nous nous en saisissons quand nous commençons à sentir nos limites. La météo continue à être maussade, nous en avons assez des kilomètres, nous avons envie de farniente. Par le hasard des rencontres, un voyageur nous explique son propre itinéraire. Il nous séduit et nous décidons rapidement de faire de même. Au lieu de rentrer par la route (via la pointe sud de la Suède et le pont de l'Øresund pour rejoindre le Danemark) ou de prendre un ferry à Oslo comme on l'envisageait, il est possible de prendre un ferry depuis Bergen jusqu'au Danemark. Nous réservons au dernier moment, mais il reste des places.

Bohuslän (Suède)

Îles Lofoten (Norvège)

Mora (Suède)

## Des escales au Danemark et aux Pays-Bas

La traversée prend une nuit et se fait sans encombre. Les chiens sont installés dans le chenil du bateau, nous avons une cabine et les enfants sont ravis de découvrir une zone de jeux. La boucle est bouclée en quelque sorte, car le port d'arrivée est à l'extrémité nord du Danemark, en face de la région en Suède où notre voyage a commencé. Nous découvrons une des plus grandes dunes d'Europe que les enfants arpentent avec enthousiasme, entourée de la mer Baltique à l'est et de la mer du Nord à l'ouest.

Le temps est agréable, la route fluide et nous passons finalement une semaine improvisée au Danemark. Nous commençons par rejoindre Copenhague que j'avais envie de découvrir depuis longtemps. Sur notre parcours, nous nous arrêtons à Dyrehave, une ancienne réserve de chasse royale, aujourd'hui réserve naturelle classée à l'Unesco où s'ébattent en quasi-liberté des cervidés par centaines. Le lendemain, nous visitons la capitale du Danemark. Elle est très colorée, tournée vers la mer. Comme dans la plupart des villes scandinaves que nous avons visitées, il y a là aussi un grand parc bien aménagé qui suscite l'enthousiasme des enfants. Pour faire plaisir à Martin et Rose, une escale au parc d'attractions Legoland s'impose, et Raphael, deux ans, adore Duploland. Nous y retrouvons Nicolas, Peggy et leurs filles avec qui nous avions sympathisé à Bergen, les enfants sont ravis de retrouver leurs compagnons de jeu. Pour clôturer en beauté ce voyage, nous nous retrouvons pour un dernier bivouac sur la plage avec eux et un autre couple, Guillaume et Sarah, que nous avions rencontrés dans les Lofoten.

C'est désormais l'heure de rentrer si nous voulons arriver avant le début de la rentrée scolaire, d'autant que nous avons encore un arrêt de prévu. Après des mois d'épidémie, c'est l'heure des retrouvailles avec ma grand-mère, aux Pays-Bas. Quelle émotion de la revoir et de pouvoir lui présenter Sarah. Anne-Fleur, qui attend un bébé, nous rejoint et nous profiterons de plusieurs jours en famille avant de rouler quasiment d'une traite jusque chez nous, en conduisant de nuit, en nous relayant et en ne nous arrêtant que pour dormir.

Ça y est, nous nous garons devant la maison. C'est la surprise de voir à quel point les mauvaises herbes ont poussé en deux mois, on dirait presque une maison abandonnée ! Nous retrouvons vite nos habitudes, la rentrée scolaire est dans moins d'une semaine.

# Et après ?

Le retour est facile en comparaison du voyage en Amérique du Sud. Nous avons notre maison, je retrouve mon travail (que j'ai maintenu pendant l'été), les enfants sont contents de retrouver les copains à l'école après les grandes vacances. Deux mois, ce sont finalement des vacances améliorées, pas un changement de mode de vie. Et au bout d'un mois déjà, nous savons que nous avons fait la moitié du voyage et qu'il faut déjà penser à rentrer (le retour prenant aussi un mois). Mais qu'est-ce que ce séjour nous a fait du bien ! Nous avons réussi à atteindre la destination que nous nous étions fixée malgré toutes les contraintes du moment. Nous avons passé deux mois tous ensemble et nous nous sommes ressourcés malgré un quotidien qui n'était pas de repos avec quatre enfants dont deux en bas âge. Nous savons que ces moments sont courts et précieux à l'échelle de nos vies.

C'est reparti pour une nouvelle année et de nouveaux défis. Clément et moi gardons Sarah et Raphael avec nous et nous nous relayons pour avancer sur nos projets respectifs. Notre organisation est flexible, nous l'adaptons au fur et à mesure en fonction du quotidien.

Passer du temps en famille reste une priorité pour nous, c'est comme ça que nous trouvons notre équilibre entre sédentarité et voyages. Pour moi, ça veut dire passer un temps de qualité avec chacun de mes enfants, dès que c'est possible. On fait avec le temps qu'on a de disponible, en fonction de nos obligations. Ce sont quelques minutes précieuses, des moments simples, que je prends par-ci, par-là. La règle, c'est d'être complètement présent, pas partagé avec son téléphone ou une tâche ménagère. Par exemple, quand je cuisine avec Raphael (une quiche, des crêpes, etc.), ou quand Clément emmène Martin au tennis. Ce sont des moments que l'on saisit au vol. Quand les enfants seront plus grands, je rêve de pouvoir partir un week-end avec chacun d'entre eux.

## S'écouter et prendre soin de soi

Après la naissance de Sarah, je me suis dit : désormais, je veux que mon bien-être fasse partie de mes priorités. Après l'épuisement que j'ai connu pendant le congé parental de Raphael, je comprends réellement l'importance de se consacrer du temps de qualité, d'être en forme, d'abord pour soi, pour sa santé physique et mentale, et pour ses proches. Des moments quand je peux, comme je peux, pour prendre un thé, faire une séance shopping ou aller à la salle de sport. Il faut accepter de s'adapter, de ne pas être rigide. Quand Raphael est occupé avec ses briques de construction ou un livre, j'en profite pour me faire couler un café et prendre un temps pour respirer.

Je comprends que j'ai demandé beaucoup à mon corps : grossesses, accouchements, allaitements, voyages, quotidien avec des enfants. Il ne m'a jamais laissé tomber, et je veux à mon tour en prendre soin. Je n'ai jamais eu ce déclic avant, peut-être parce que je ne pensais pas à moi, mais à eux, tout le temps. C'est à l'occasion d'une séance shopping avec une amie qui me connaît bien que j'ai eu cette prise de conscience. J'ai un bon d'achat à utiliser dans un magasin de prêt-à-porter et je me dirige sans réfléchir vers le rayon enfant. Mon amie Lynn me le fait remarquer. C'est un comportement automatique que je n'ai jamais questionné, je pense à mes enfants, quelle que soit la situation. Elle me suggère : « Pourquoi tu n'essaierais pas des vêtements pour toi ? Fais-toi plaisir ! » L'entendre formulé par une personne extérieure me fait un électrochoc. Il ne m'était pas venu à l'idée de penser à moi dans ce magasin, et m'en rendre compte m'interpelle. Ne nous oublions pas en chemin…

J'essaie de m'attacher de plus en plus aux petits moments du quotidien, qui peuvent sembler anodins mais qui sont si précieux, de faire des choses qui me plaisent. Par exemple, j'adore pâtisser. Mes gâteaux ne sont jamais parfaits mais je m'en moque ! Je ne fais pas pour que les autres les admirent, je les fais pour moi, parce que je trouve du plaisir à cuisiner, parce que je suis fière de pouvoir partager quelque chose que j'ai préparé de mes mains avec ma famille. Je me dis : fais ce qui te plaît, la vie est trop courte pour perdre ton temps et ton énergie à atteindre la perfection.

C'est aussi un exemple pour ses enfants, car un parent qui cherche à être parfait tout le temps et qui est intolérant à l'imperfection place la barre « impossiblement » haute, cela fait monter la pression pour tous. C'est rassurant pour les enfants de voir les parents ne pas être d'accord sur tout, avoir des avis et des goûts différents, de les voir résoudre un conflit avec respect, de les voir se dire « je suis désolé(e), je n'avais pas compris », de les voir changer d'avis au besoin. Osons être soi-même en tant qu'individu, parent, membre du couple parental, dans sa vie professionnelle, avec ses proches. Je ne vois pas comme une injonction mais plutôt comme une direction, une envie vers laquelle tendre.

## Dix ans plus tard

Entre notre premier projet de magasin d'optique et aujourd'hui, il s'est passé dix ans. Quand je regarde en arrière, c'est dingue tout ce qui s'est passé. Ce que je vois surtout, c'est que nous avons suivi nos rêves et nous continuons. J'ai beaucoup évolué aussi, j'ose m'affirmer et être moi-même. On ne naît pas parent, on le devient : je me rends compte combien cette phrase est juste. J'ai quatre enfants, et je continue à apprendre tous les jours.

J'essaie de prioriser pour ne pas me laisser déborder par le quotidien et le travail. Je tente de ne pas remettre au lendemain ce que je peux faire aujourd'hui. C'est quelque chose que mon papa m'a beaucoup répété quand j'étais enfant, et cela est devenu une règle de vie. J'accepte de déléguer, de lâcher prise sur certaines de mes exigences. J'ai été confrontée à mes limites et j'essaie de les prendre en compte désormais.

Nous continuons à avoir envie de voyager aussi. Nous avons acheté un véhicule utilitaire d'occasion et Clément le transforme entièrement en van habitable. Clément chronique d'ailleurs toutes les étapes dans des vidéos YouTube sur notre chaîne « Jill et Clem ». Cela fait des mois qu'il l'imagine, le construit, le personnalise. Il adore ce processus, il réfléchit, fait des recherches, tente, défait, refait, demande des conseils auprès des spécialistes qui eux-mêmes partagent volontiers leur expérience et leurs astuces. À la fin, c'est incroyablement gratifiant de savoir qu'il a construit quelque chose de ses propres mains, que cela correspond aux besoins de notre famille. Nos enfants sont ravis de pouvoir l'aider dès que possible. C'est dans ce van que nous partons pour nos prochaines vacances en Europe.

Au moment de nous rencontrer, Clément était sur le point de partir pour l'Australie. Nous préparerons nos sacs à dos pour y partir prochainement avec nos quatre enfants, la famille au complet. La boucle est bouclée. Et après ? Nous avons des envies, des projets. Nous allons à leur rencontre, nous les regardons évoluer. Certains disparaissent, d'autres apparaissent. Nous en profitons à fond. Je ne sais pas de quoi l'avenir sera fait, mais nous avançons ensemble, le cœur rempli de rêves d'évasion et de liberté.

Conseils, idées & astuces pour petits ou grands voyages

# Carnet pratique

**À vous ! Tout commence par un « et si j'osais... » pour dépasser les barrières qui nous bloquent parfois. Voici des réponses concrètes à vos questions pour vous aider sur ce chemin, pour passer du rêve à la réalité.**

## *J'en rêve, mais par où commencer ?*

**Le plus dur, c'est de prendre la décision. Ensuite, chaque action guide la suivante. Même si toutes les étapes ne sont pas évidentes, promis, ça vaut le coup !**

Allez à votre rythme. Si votre projet vous paraît inaccessible, gardez-le en tête et commencez petit. Au fur et à mesure, vous prendrez confiance et vous en profiterez (ou pas ; c'est aussi le moyen de se rendre compte de ce qui vous plaît vraiment).
Si vous craignez le trajet en avion, évitez un Paris-San Francisco pour commencer et testez un Paris-Madrid !

Ne perdez pas de vue l'objectif. Il y aura forcément des petits obstacles, comme dans une randonnée où le chemin monte fort, c'est long, on se demande pourquoi on s'inflige ça. Jusqu'à l'instant où on arrive au sommet : le paysage est spectaculaire et on se dit qu'on l'a bien mérité. Si vous voulez prendre l'avion avec un bébé, vous ne pouvez pas être assuré qu'il ne pleurera pas, mais est-ce grave ?

Échanger avec des personnes qui ont réalisé un projet similaire au vôtre, ou lire leurs témoignages.

L'important, c'est que vous vous sentiez prêt(e)s, que vous en ayez envie. À partir du moment où l'idée commence à germer, ça veut dire qu'une partie du chemin est déjà faite.

## Mon enfant n'est-il pas trop jeune pour prendre l'avion ?

Pour information, l'âge minimum indiqué par les compagnies aériennes se compte en jours.

Un jeune bébé dort beaucoup et tète ou prend le biberon. Dans mon expérience, j'ai trouvé plus simple de prendre l'avion avec un tout-petit de moins de six mois.

Le temps de lui faire faire une carte d'identité (ou un passeport selon les destinations).

## Je ne sais pas où aller !

**De quoi avez-vous envie ? Tout commence par là. Ensuite, vous pouvez vous poser les questions suivantes :**

Quel est votre budget ?
Ce n'est pas parce qu'on va loin que c'est plus cher. Parfois, un vol long-courrier en promotion avec un hébergement sur place bon marché revient moins cher qu'une semaine au ski !

Quelle est la durée possible du séjour ? Si votre destination implique un gros décalage horaire, prévoyez deux ou trois semaines pour pouvoir récupérer et en profiter.

Qu'est-ce qui intéresse vos enfants ? Martin et Rose n'ont jamais été autant excités par une destination que Londres, ils avaient étudié à l'école la ville et ses grands monuments, et ils étaient incroyablement heureux de voir tout cela « en vrai » !

Quel âge ont vos enfants ?
Certains voyages sont plus accessibles que d'autres aux plus jeunes. Par exemple, je rêve de faire un safari, mais je ne me vois pas le faire avec un bébé et j'attends que ma petite dernière ait au moins cinq ou six ans.

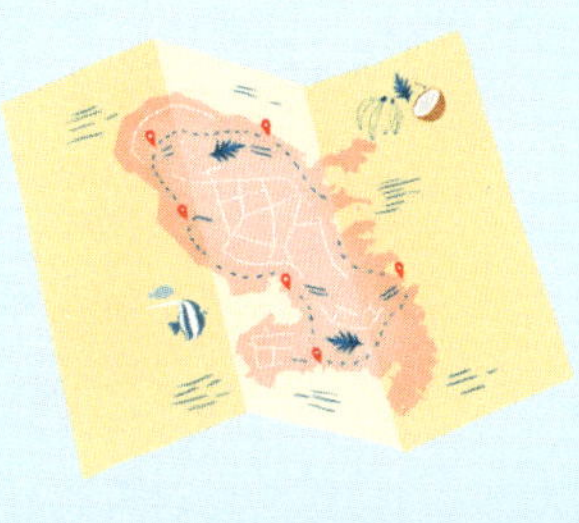

## Des idées de destination en famille ?

**Voici une petite liste pas du tout exhaustive pour vous inspirer si vous cherchez des idées :**

L'Ouest américain pour jouer aux cow-boys et aux Indiens, et pour la gastronomie locale (les pancakes et les burgers frites, ça ne peut que plaire aux enfants !)

Les DOM-TOM : des destinations tropicales mais rassurantes car on reste en France.

La Suède ou la Norvège : pour être dépaysé par la nature sauvage et les paysages grandioses pas loin de la maison.

Londres : pour des écoliers fans d'Harry Potter.

Les Pyrénées et le nord de l'Espagne (Aragon) : pour des découvertes de la nature sauvage en road trip.

Rome : pour les histoires de gladiateurs, l'architecture impressionnante et la gastronomie locale. Magnifique et moins chère que d'autres capitales européennes.

Autour de chez soi : pour des trésors, parfois cachés, à découvrir le week-end. Renseignez-vous à l'office du tourisme, dans des guides locaux et, le meilleur, grâce au bouche-à-oreille.

## Que dois-je prévoir dans mon budget ?

**Voici les dépenses incontournables d'un voyage, à ajuster à votre situation :**

Transport pour se rendre sur le lieu : avion, train, etc. Si cela vous concerne, n'oubliez pas le coût du parking à l'aéroport, ainsi que le ticket de bus ou de train pour aller de l'aéroport ou la gare en ville.

Transports sur place : location d'un véhicule, transports en commun, carburant en fonction du type de véhicule (aux États-Unis, les gros camping-cars sont plus gourmands que ceux en France), péages, etc.

Visites et activités payantes.

Alimentation : restaurants, sandwichs, courses.

Hébergement, y compris emplacements payants des parcs nationaux par exemple ou campings.

Budget urgences & imprévus.

Se renseigner sur le coût de la vie de la destination, qui varie beaucoup d'un pays à l'autre.

## Les voyages, c'est trop cher !

**Il existe de multiples façons de voyager et on trouve des merveilles à découvrir partout dans le monde, y compris en voyageant près de chez soi. Voici quelques astuces pour réduire les coûts :**

Être flexible sur les dates et les horaires : par exemple en avion, le milieu de la semaine est souvent moins cher.

Regarder les promotions, s'abonner aux newsletters des compagnies aériennes et se mettre des alertes.

Comparer les options d'hébergement et de transport. Pour un road trip, louer un camping-car est parfois plus avantageux que d'associer la location d'une voiture et des nuits à l'hôtel ou en chambre d'hôte.

Pour l'alimentation, cuisiner soi-même, profiter des promotions.

Choisir en amont la liste des visites payantes pour respecter son budget.

Opter pour des visites ou des activités gratuites (vous trouverez facilement des listes sur Internet ou dans des guides de voyage).

## Road trip : comment choisir son véhicule et son hébergement ?

**En fonction des habitudes locales, certains types de véhicules conviennent plus ou moins bien, en termes de climat et d'infrastructures. Quelques exemples :**

Un 4×4 avec tente de toit génial pour l'Afrique du Sud ou l'Australie.

Les cabanes sur la plage en Thaïlande.

Un Airbnb à Londres, Rome ou Madrid pour maîtriser le budget et vivre comme un local.

Un véhicule aménagé (camping-car, van aménagé, etc.) ou du camping dans l'Ouest américain, au Canada ou dans les pays où la vie est chère (pour ne pas être dépendant des transports et faire la cuisine soi-même).

### Les plus et les moins du véhicule aménagé

Adapté à un circuit en pleine nature, pour ceux qui ont envie de vacances en extérieur.

Ne pas faire et défaire ses valises tous les jours. On a toujours sa maison avec soi (couches, doudous, etc.), donc on n'oublie rien ! Cela offre aussi une stabilité aux bébés.

Permet de faire des économies sur le poste alimentation (réfrigérateur, placards, de quoi cuisiner, comme à la maison).

Implique beaucoup de logistique : faire les courses, faire à manger, ranger régulièrement (lorsqu'on roule, rien ne doit représenter un danger potentiel en cas de freinage brusque), parfois réinstaller les lits chaque jour (selon le véhicule), planifier l'itinéraire, réserver les campings ou les emplacements, vidanger les eaux usées, etc.

L'espace de vie réduit ne convient pas à tous et il est possible que vous détestiez votre expérience en camping-car.

### Faire un road trip voiture + tente

Petit budget.

Facilité de louer une voiture à l'étranger au besoin.

Être en pleine nature.

Possibilité d'aller où l'on veut : le matériel pliable et compact entre dans une valise (tente, duvet, etc.).

Les enfants adorent en général cet esprit d'aventure et préfèrent souvent jouer dehors que d'être enfermés dans une chambre d'hôtel. Ils trouvent facilement à jouer avec ce qui les entoure (bâtons, cailloux, feuilles, troncs à terre, etc.).

Plus du tout de confort, mais manière de revenir aux choses essentielles (et au retour, on apprécie encore plus son lit, l'électricité et la machine à café !).

### Opter pour une location d'appartement ou de maison

Particulièrement adapté à la ville.

En fonction de la taille du logement, on est mieux installés : plus spacieux qu'une chambre d'hôtel, cuisine pour les repas, machine à laver (qui permet d'emporter moins de linge et donc de voyager plus léger).

Souvent moins cher que les hôtels et parfois mieux située.

Expérience de la vie locale.

### Dormir à l'hôtel, en chambre d'hôte ou en auberge

Les budgets sont extrêmement variables en fonction de la destination et du type d'hôtel.

Les avantages de cet hébergement : rien à penser ni à faire !

## Comment ne pas perturber le sommeil de bébé en voyage ?

**On peut mettre en place un environnement favorable et accompagner son sommeil :**

En établissant des rituels de sommeil qui peuvent s'adapter partout où l'on est (chez soi, dans sa famille, chez des amis ou en voyage), on conserve une routine qui est rassurante pour l'enfant.

En prenant un lit parapluie (pas indispensable mais pratique). En acceptant de nous adapter en voyage. Ce n'est pas parce que c'est l'heure de la sieste qu'on ne peut plus rien faire. Le bébé peut faire sa sieste dans le porte-bébé ou l'écharpe, le siège-auto, la poussette, etc.

## Comment faire face au décalage horaire ?

**Les effets du décalage horaire sont plus ou moins marqués selon l'âge de l'enfant et son rapport au sommeil.**

On dit généralement qu'on récupère 1 heure par jour. Souvent, les premiers jours sont plus durs en raison de la grosse fatigue liée au trajet de départ.

Tentez de garder les habitudes, par exemple déjeuner à midi (heure locale), la sieste à 14 heures, etc.

Accepter de changer un peu le rythme, par exemple commencer la journée plus tôt (en fonction du sens du décalage), le temps de se recaler.

Évitez les siestes plus longues que d'habitude, pour vous comme pour vos enfants, au risque de ne plus avoir envie de dormir le soir.

Si l'enfant se réveille en pleine nuit, dites-lui que le soleil n'est pas levé, que c'est la nuit et proposez qu'il se recouche.

## Au secours, je ne sais pas comment occuper les enfants pendant les trajets !

**Pour que la route se passe le plus agréablement pour tous, voilà ce que nous avons mis en place :**

Sur la route, essayer de faire correspondre les moments où l'on roule au rythme des siestes. Ainsi, l'enfant dort en voiture, le trajet lui paraît moins long, et nous aussi.

Raconter des petites histoires, chanter, faire des devinettes ou des jeux, écouter des contes ou de la musique (on utilise une conteuse numérique avec un casque et des baladeurs pour les grands), regarder un film pour les plus grands.

Quand les enfants commencent à en avoir assez, se dégourdir les jambes. En voiture, ne pas hésiter à faire des pauses lorsqu'on sent que c'est nécessaire. Ils ont besoin de se défouler (aire d'autoroute, aire de jeux dans l'aéroport au moment d'une escale, etc.), et se sentent ensuite mieux pour poursuivre le trajet.

## Que mettre dans ma valise ?

**Naturellement, tout dépend de votre voyage, mais voici quelques-uns de mes incontournables :**

Pour les voyages en sac à dos, des matelas de randonnée (utiles en Thaïlande lorsque nous n'avions pas de chambre pour quatre).

Selon la destination et la saison, des moustiquaires de voyage achetées en magasin de sport pour les adultes, les enfants et les bébés. Pour les zones tropicales, avant le départ, je fais tremper les vêtements avec un répulsif antimoustique.

Des gourdes (il faut toujours avoir de l'eau avec soi).

Des vêtements de randonnée légers et polyvalents, adaptés au climat. Ils se lavent facilement à la main et sèchent vite.

Le classique : chapeau, lunettes de soleil, crème solaire.

Cas particulier, en Thaïlande, j'avais emporté des gilets de sauvetage pour enfant (car sur les bateaux, ils n'avaient que des gilets taille adulte).

S'il y a des lacs, la mer, une piscine : des brassards, voire un masque et un tuba.

## Quel équipement dois-je prévoir pour bébé ?

**Il n'y a pas de liste qu'il faudrait absolument cocher, tout dépend de vos habitudes, de votre mode de voyage et de votre destination. De mon côté, selon les voyages, je prends :**

Un porte-bébé qu'on peut utiliser partout, léger, polyvalent, physiologique et compact, jusqu'à 4 ans environ. Je le prends partout !

Une poussette de voyage, très pratique car elle passe en bagage à main et prend peu de place dans la voiture. J'ai fait des voyages sans, parfois elle n'est pas adaptée car il n'y a pas de trottoir ! Elle est pratique notamment si bébé a l'habitude de dormir dedans.

Si bébé a moins d'un an, on peut apporter facilement son propre cosy (sur certaines compagnies aériennes, on peut emporter gratuitement deux articles de puériculture).

Un siège auto, à emporter ou à louer. Dans ce cas, il faut s'attendre à ce qu'il soit moins performant que le vôtre, à voir si cela vous convient.

Une moustiquaire portable pour bébé.

Un berceau pop-up ou la nacelle de la poussette pour les tout premiers mois.

Un lit parapluie peut être pratique, mais il n'est pas toujours compatible avec la destination (par exemple impossible dans un voyage en sac à dos).

Si jamais vous avez oublié quelque chose, pas de panique ! On trouve toujours une solution, par exemple en louant ou en achetant sur place.

## Je suis toujours trop chargé(e) ! Comment voyager léger ?

**J'ai encore du mal car j'ai toujours peur de manquer de quelque chose !**

Se demander si ce qu'on emmène est indispensable et essayer de réduire les objets « au cas où ».

Avoir accès à une machine à laver sur place pour emporter moins de vêtements.

Privilégier des vêtements polyvalents, techniques, qui sèchent vite et qu'on peut laver à la main si nécessaire.

Louer des équipements sur le lieu de vacances (siège auto, lit de bébé, etc.)

Compter sur des achats sur place, des paquets de couches au seau de plage. Aux États-Unis, nous avons acheté un bodyboard à Martin, que nous avons offert à un enfant avant de partir.

Réduire le nombre de jeux pour les enfants (ils trouvent toujours à s'occuper !).

## Je mange quoi en voyage ?

Bien se renseigner sur la destination, par exemple si l'eau est potable (voir aussi question suivante).

Accepter de lâcher prise, ce n'est pas grave si on mange moins équilibré que d'habitude pendant une ou deux semaines, c'est les vacances !

Dans de nombreux pays, on trouve facilement des supermarchés et des produits similaires (lait en poudre, petits pots pour bébé…).

En cas de besoins spécifiques, vous pouvez emmener le nécessaire.

## Et si je suis malade, ou ma famille ?

Bien en amont, vérifier les conditions d'entrée dans le pays choisi, notamment sur les vaccins obligatoires.

Prendre le carnet de santé des enfants (et son carnet de vaccination si on en a un).

Pour un voyage en Europe, faire une demande de Carte européenne d'assurance maladie (gratuite, demande en ligne via ameli.fr).

Avoir une assurance voyage qui permet de se rassurer en cas d'événements graves. Elle assure les rapatriements notamment.

Suivre des précautions simples : s'assurer que l'eau est potable (en Thaïlande, nous ne buvions que de l'eau en bouteille par exemple), selon les pays, éviter de consommer des crudités ou des fruits crus qu'on ne pèle pas (le site Diplomatie France et les guides de voyage le précisent).

Emporter une trousse de premiers secours classique (à composer soi-même ou à acheter en pharmacie) : pansements et strips, bandages, thermomètre, ciseaux, pince à tique, pince à épiler, désinfectant, couverture de survie, sérum physiologique, cachet pour le mal de mer, paracétamol, crème anti-brûlure. En cas de terrain allergique, penser à prendre le traitement nécessaire (en Suède, je me suis remise à faire des crises d'asthme alors que cela faisait des années que ça ne m'était pas arrivé). Demandez conseil à votre pharmacien.

Si vous emportez des médicaments, pensez à prendre l'ordonnance (et à en avoir une copie dans votre boîte mail).

Pour un voyage long ou qui sort des sentiers battus, mieux vaut faire un check-up avant de partir (médecin généraliste, dentiste, suivi gynécologique, etc.). S'il le juge nécessaire, votre médecin pourra vous prescrire une pharmacie d'urgence. Il peut aussi être intéressant de faire une formation aux premiers secours.

Attention à l'automédication, il y a des hôpitaux et des médecins dans bon nombre de destinations (et nous avons toujours été très bien pris en charge, notamment en Amérique du Sud).

## Comment assurer sa sécurité ?

**Le bon sens est le fondement des règles de sécurité : on essaie de ne pas se mettre en danger seuls, on évite de prendre des risques. Voici quelques recommandations générales :**

Prendre des informations avant de partir, notamment consulter le site du ministère des Affaires étrangères, rubrique « Je pars à l'étranger », les témoignages de voyageurs revenant de la zone en question. En cas de doute, sur place, se renseigner auprès de l'office du tourisme et des populations locales.

Pour ceux qui bivouaquent, arriver de jour pour s'assurer de son environnement.

Avoir plusieurs moyens de paiement répartis entre les voyageurs ou cachés, des copies des papiers importants (notamment copie numérique dans sa boîte mail ou sur une clé USB).

## Je ne sais pas quoi faire avec mes enfants en voyage… Des idées d'activités

**Les petits ont soif de découvertes, ils adorent explorer, s'imaginer des jeux et s'émerveillent de ce qui les entoure. Voici des activités que nos enfants ont adorées :**

Jouer dans l'eau et nager avec un masque et un tuba.

Activités dans les arbres (faire une cabane), accrobranche.

Explorer leur environnement lorsque nous nous arrêtions (lac, montagne, forêt, etc.).

Balades dans la nature, apercevoir des animaux sauvages dans leur milieu naturel.

Faire du feu, aller chercher des bouts de bois.

Jouer dans les parcs (toboggan, structures pour grimper, etc.).

Cueillir des fruits rouges, pêcher.

Faire une visite ou une activité en lien avec leurs centres d'intérêt.

Rencontrer et jouer avec d'autres enfants même s'ils ne parlent pas la même langue ! Martin a d'ailleurs toujours un ballon avec lui et se fait ainsi facilement des copains en voyage.

Camper (c'est une activité en soi !).

Juste être ensemble et profiter du moment.

## J'ai envie de me mettre à la randonnée en famille, comment faire ?

**En randonnant avec des enfants, on va bien sûr moins vite et moins loin. Mais quelle joie de découvrir le paysage à travers leurs yeux ou de les voir faire des efforts pour se dépasser. Voici quelques éléments pour vous guider à travers votre découverte :**

Pour trouver des randonnées : office du tourisme, guides et bien sûr bouche-à-oreille. Les locaux sont fiers de partager la beauté de leur région et les autres voyageurs leurs coups de cœur.

Bien se renseigner sur le parcours : accès, difficulté, durée, interdit ou autorisé aux chiens, mais aussi météo, altitude, températures, vent pour adapter l'équipement.

Prévoir un porte-bébé pour les plus jeunes et s'adapter à l'enfant. S'il a envie, on le laisse marcher, quand il fatigue, on le reprend en portage.

Pour motiver les enfants (à partir de cinq ou six ans) qui ont du mal à marcher, prévoir une boussole, des jumelles, lui donner un petit sac à dos (léger !) avec son goûter, essayer de repérer des traces d'animaux, etc. Dans certains lieux, il est possible de randonner avec des ânes pour les jeunes enfants qui ne rentrent plus en porte-bébé mais qui marchent encore peu.

Commencer sur une randonnée courte et facile. Mieux vaut y aller progressivement qu'être trop ambitieux et s'en dégoûter.

Ensuite, se fixer quelques critères de choix, par exemple, nous ne dépassons pas pour l'instant 10 km de parcours.

## Quels vêtements de voyage et de randonnée choisir ?

**L'équipement coûte cher. Notre réflexe : l'achat d'occasion sur les plateformes de vente. Nous randonnons régulièrement au cours de nos voyages, dans des climats très variés, ce qui nous a poussés à investir dans du matériel adapté qualitatif qu'on peut réutiliser pour les petits frères et sœurs.**

Privilégier des matières techniques étudiées pour le voyage et la randonnée.

Chaussures de randonnée, y compris pour enfants : confortables, qui tiennent bien le pied, respirant, polyvalent, bonne adhérence (important pour ne pas glisser).

Casquette, si possible avec protection au niveau du cou (pour éviter les coups de soleil sur la nuque).

T-shirts de randonnée avec protection UV.

Veste de pluie 3-en-1 avec polaire (indispensable pour nous dans l'Ouest canadien !).

Pantalons de randonnée qui se transforment en short grâce à un zip.

Pour les destinations pluvieuses, pantalon ou salopette de pluie, bottes et veste de pluie.

Pantalons de randonnée chauds (pour les climats froids ou les parcours en altitude).

Bonnet et tour de cou en polaire quand il fait froid.

## Que dois-je mettre dans mon sac à dos de rando ?

**Prévoir un sac confortable (on va le porter plusieurs heures) et polyvalent (pour qu'il resserve) et un sac à dos léger pour les enfants.**

Gourde(s) d'eau, en prévoir assez pour toute la famille.

Pour le repas de bébé, on peut faire réchauffer sa purée avant de partir et la placer dans une boîte alimentaire isotherme (disponible en magasin de sport notamment).

Pique-nique et/ou goûter.

Minitrousse de secours, crème solaire, lunettes, casquettes...

Couteau de poche (pour les adultes).

Remerciements

Merci à vous qui suivez mon compte Instagram et qui donnez un sens à mes partages. C'est bien grâce à vous que *Comment réaliser ses rêves en famille* a vu le jour.
Merci à vous, mes lecteurs, d'avoir choisi mon livre et d'avoir partagé ces aventures avec moi.

Merci Rose-Marie et Marie-Anne d'avoir cru en moi. Jamais je n'oublierai cette sensation lorsque je vous ai rencontré chez First en septembre dernier, c'était tellement impressionnant de me retrouver dans cette grande maison d'édition parisienne, entourée de tous ces beaux livres.

Merci Lucie de m'avoir fait confiance et de m'avoir guidée sur la fin de l'ouvrage.

Un grand merci à toi Anne pour ces nombreux mois de travail ensemble. Travailler avec toi a été une bulle d'oxygène, tu me manqueras.
Merci Coline pour tes illustrations qui donnent vie et subliment les pages de mon livre.

Merci mon frère, mes sœurs et mes amis pour vos encouragements et votre bienveillance.

Merci Martin, Rose, Raphael et Sarah, j'ai une chance inouïe d'être votre maman, vous m'apprenez tellement chaque jour. C'est vous qui me donnez la force de rêver, d'oser et de me lancer. Vous êtes ma fierté.

Merci à toi Clément de m'avoir épaulée tout au long de ce projet, qui a bouleversé pas mal de choses dans notre organisation familiale. Merci d'avoir su m'écouter et me motiver lors de mes nombreux moments de doute. Sans ton soutien et ton amour, rien de tout ça n'aurait été possible.